복어 여자

이태식 산문집

복어 여자

한양

책을 내면서

21세기는 테러로 역사를 장식하고 있다.

정치가나 종교인은 허울만 좋을 뿐 테러를 근절하는데 아무 역할을 하지 못한다. 과학자들은 핵을 무용지물로 만들어 버리는 계획을 세우지 못하고 의학자들은 바이러스를 퇴치시키지 못하고 있다.

특히 한국의 법조인들은 질서를 문란하게 하는 자들을 강력 처벌하지 않아서 범죄를 양성하는 결과를 초래하였다. 그 중 정치가로 변신한 자들은 자기의 잘못을 반성하지 않고 남의 탓으로 돌린다.

지구를 파괴할 수 있는 행성들이 나타나기 전에 스스로 자멸할 것 같은 기분이 든다. 여기까지 오는데는 세계의 모든 여성들이 자녀 교육을 이기주의적으로 시켰기 때문이다.

  한국의 성전문가들은 성방지 특별법으로 집창촌을 없애면서 성의 분출구를 막아 놓고 국민들로부터 성범죄자들의 형량을 높이라는 아우성 소리를 듣는다.

  이 책을 내는 목적은 남성들이 주도해 온 세계를 여성들이 적극적으로 나서지 않으면 안되는 절실한 시점에서 신선한 자극을 주기 위함이다.

2009년 12월에
이태식

차례

□ 책을 내면서

9 • 덤터기 쓰는 여자
13 • 약손을 가진 여자
20 • 세계를 주름잡는 여자
28 • 노년에 학교에 가고 싶은 여자
33 • 섹스를 거부하는 여자
45 • 도박에 빠진 여자
65 • 복어 여자
90 • 지혜의 신을 망각한 여자
98 • 만족을 모르는 여자
111 • 엄마 노릇 못하는 여자
119 • 자살 신청을 하고 싶은 여자
127 • 춤과 관광을 즐기는 여자
137 • 바둑으로 교훈을 얻는 여자
153 • 멀지도 가깝지도 않은 여자
159 • 마음을 다스리는 여자
164 • 몸값을 저울질하는 여자
172 • 등산과 세계 여행을 즐기는 여자

덤터기 쓰는 여자

여성들은 일 처리를 잘하면 본전이요, 못하면 덤터기를 쓴다. 결혼을 했을 때 며느리 노릇하기가 힘들다. 신랑이 장남일 경우 집안이 평온하게 잘 나가면 며느리 공은 없다. 살림이 축이 나거나 남편이 일찍 세상을 뜨면 며느리가 잘못 들어와서 집안이 망했다고 한다. 독한 시어머니는 남편을 잡아먹었다고도 한다. 고생고생해서 아들 딸 자수성가시키고 남편이 먼저 갔을 경우도 주위로부터 시샘을 받을 때가 있다.

재산이 많을 경우 아들들에게 집을 사주며 전부 내보낸다. 남편이 죽으면 큰아들은 집을 팔고 본가로 들어와서 안방을 차지한다. 손자 손녀가 많아서 양보했을지언정 며느리에게 쫓겨났다고 구설수에 오른다. 대기업의 사장이 죽거나 아들이 이혼할 경우도 화살이 제일 먼저 여성에게 간다.

식당의 주방장까지도 여자일 경우 고역을 당한다. 손님이 떨어지면 음식 솜씨가 안 좋기 때문이라고 트집을 잡는다. 평소에 주인이 음식 맛을 점검하여 조절해 두면 될 일인 것이다.

단조로운 사무실을 운영하는 사업자가 경제가 안 좋아서 사무실을 운영하기 어려운데도 사장 행세를 계속하기 위하여 여자 경리를 각종 구실을 삼아 갈아 치우거나 봉급을 미룬다.

요사이는 여성들이 결혼도 안 하고 설령 한다 해도 맞벌이로 출산을 잘하지 않아서 일방적으로 매도를 당한다. 경제적 조건이 안 좋아서 능력 있는 남자가 그만큼 부족하고 정부의 잘못된 정책으로 집 장만하기도 어려운 것을 감안하지 않고 하는 말이다.

다민족 사회가 되어 외국인들이 여러 업종에 종사하고 있다. 특히 중국 교포 여성들은 많이 세련돼서 한국인과 쉽게 구별하기가 어렵게 되었다. 여전히 무시당하고 있으며 적응하기가 힘들다. 자기의 영업에 이익이 되는 일을 하고 있으면 잘해 주다가 조금 실수하면 덤터기를 씌운다.

나는 시장에서 야간 아르바이트를 하고 있는 50대 조선족 여자에게 지능 테스트를 해보았다. 한국은 사형제도가 있는데 전직 대통령들이 법을 잘 안 지켜서 준법 정신이 없어져 사형수가 계속 늘어나고 있어서 골치가 아프다고 했다. 답변은 정확했다. 중국은 1:1 법칙이 있는데 한 사람을 죽이면 반드시 죽는다는 것을 각오해야 한다고 했다. 나는 중국과 교류 초창기에 한국인들이 중국에 가서 교포들에게 못된 짓을 다 했는데 지금은 중국인들이 그것을 배워서 한국인들을 못 살게 군다고 했다. 그 여자는 모든 상황을 알고 있는 듯 굳은 표정으로 묵묵부답이었다. 자기를 깔보지 말라는 무언의 시위 같았다. 지난번 일했던 식당에서 실수를 저질러 월급도 못 받고 쫓겨났지만 앞으로는 누구에게도 당하지 않겠다는 의지를 보였다. 다른 식당에 가서 그 대가를 지불 받을 정도로 관록이 붙어 있었다.

한국인들은 다문화 사회에서 살면서 국적 감각이 많이 사라진 느낌이다. 외국에 나가 있는 교포들의 생활을 염두에 둘 겨를도 없다. 외국인들이 한국에서 푸대접을 받으면 소문이 세계의 각국에 퍼져서 교포들에게 영향을 미칠 수도 있다.

다문화 사회는 우리 모두가 함께 가는 사회이다. 사람을 차별 대우해서도 안되지만 과잉 친절도 손해를 볼 때가 있다. 여러 나라 여성들을 볼 때 그 나라의 경제적 수준을 보면 개인의 개성이 부각된다.

어떤 여성이 모난 짓을 하더라도 즉각적인 반응을 자제하고 한번 더 기회를 주는 것이 현명하다. 여성이 변명을 할 때에도 무엇인가 숨겨진 의미를 찾아내어 상반된 의견을 조율해 나가야 한다. 아르바이트 온 여성들이 업주에게 자신의 감정을 솔직하게 털어놓을 수 있도록 배려해 주어야 한다. 그러면 그녀들은 사장에게 감사할 뿐 아니라 영업이 더욱 더 잘 되도록 노력할 것이다. 남녀 차별을 하지 않고 고용관념을 버리고 같이 일을 한다고 생각하면 편하고 그 사업체는 크게 발전한다.

나 같은 경우는 3촌, 4촌, 6촌 등 친척이 많은 편이나 수십 년 동안 연락이 끊긴 사람이 많다. 현재 같이 있으면 혈통이라고 생각하면 쉽다.

고생을 해보아야 남의 속도 아는 법인데 주로 군대에 다녀오지 않은 사람들이 인정이 없다. 한국인들은 IMF와 2008년 이후의 경제대란을 겪으면서 많이 반성한 듯 보인다. 지금도 아들을 군대에 보내지 않으려고 하는 것을 보면 도저히 이해가 가지 않는다. 편하게만 살려고 하는 아들에게 당하기도 하면서….

앞으로의 남은 과제는 국제 결혼의 후유증을 없애는 것이다. 2008년 새로 결혼한 사람들 가운데 11%가 외국인과의 결혼이다. 그 중 41%가 농촌 지역이었다. 시대적 추이를 긍정적인 사고로 받아들이는 자세가 필요하다.

여성을 상품화하지 말고 꼭 필요한 인적 자원으로 수용하고 국가 자원의 효율적 운용과 미래지향적 사회로 나가기 위한 발판을 마련해야 한다. 어느 나라나 여성이 흘러넘쳐야 부강한 나라가 될 수 있다. 양극화를 극복하는데도 여성의 힘이 필요하다.

약손을 가진 여자

앓는 아이를 위로하기 위하여 만지면 낫는다고 하면서 아픈 데를 어루만져 주는 손이 약손이다. 사람은 손에 의해서 자라서 손을 쓰면서 인생을 향유한다.

손은 '손을 돕다', '손을 빌리다', '손이 맞다', '손잡다'와 같이 좋을 일보다 '손을 끊다', '손을 털다', '손을 타다', '손을 씻다', '손발이 따로 논다', '손찌검을 하다', '손사래 치다'와 같이 나쁜 일에 더 많이 쓰인다.

부모로부터 손버릇이 나쁘다는 소리를 듣고 자라면서도 손을 의식하지 않고 습관대로 움직인다. 세 살 버릇도 손버릇을 의미하며 주로 남성한테 하는 소리다.

남자는 농경사회에서 손을 많이 썼다. 산업사회와 전자통신 사회를 거치면서 노동이 줄어들었다. 전자제품이 많이 나온 후로 여자의 일손도 줄어들었으나 손놀림은 쉴새가 없다. 하루 종일 아이들 뒷바라지와 퇴근 후의 남편의 손과 마주해야 한다. 남녀의 손바람은 취미 생활에서 차이가 난다.

  남자는 직장 업무가 끝나면 행동이 판이하게 달라지기 시작한다. 손을 가만히 두지 않으며 무엇을 해도 해야지 직성이 풀린다. 골프나 낚시, 스포츠 센타에 가서 운동을 하는 것은 기본적인 분류에 속한다. 주로 노래방, 룸살롱, 단란주점 등에서 여자들과 어울리며 손바람을 일으킨다. 나머지는 대부분 잡기파이다. 오락실, 카지노, 화투나 카드, 내기 바둑, 인터넷 등으로 게임을 하면서 담배나 커피를 마신다. 노장들은 고스톱파와 콜라텍파로 구분된다. 하루 종일 고스톱으로 소일하거나 춤을 추며 시간을 때운다.

  대체적으로 인생을 즐겁고 여유 있게 보내고 있는 이들에게 있어 한 가지 빠트린 중요한 수순이 있다. 하나의 작업이 끝나고 다음 동작으로 들어갈 때 손을 잘 씻지 않는다. 손은 다양한 세균을 옮기는 매개체이다.

  신종 바이러스가 유행하자 방송이나 신문에서 손을 씻어야 한다고 새삼 강조하고 있다. 병의 잠복기가 있는 사람과 접촉하다가 병에 걸릴 수 있다. 환자와 같은 음식을 먹고 술까지 마시면 감기나 콜레라 같은 기본 병이 걸리기 쉽다. 손에 균이 옮겨 가더라도 손 자체에 기가 솟아올라 5분 이내에 균이 사라진다는 설이 있으나 움직이는 동안 균이 다른 곳에 쉽게 옮겨 갈 수 있다.

나는 은행에 갈 때마다 돈 세는 기계를 유심히 바라보면서 아쉬운 생각을 해본다. 기계에 어떤 장치를 하여 입금이나 출금을 할 때 돈이 세탁되어 나오기를 기대한 것이다. 돈은 여러 사람이 함께 사용하기 때문에 가정에서 소독한다는 것은 번거로운 일이므로 은행에서 관리를 잘할 것으로 믿는다.

흔히들 대대로 뼈대가 있고 가문이 좋다는 소리를 한다. 자존심이 강하고 어려운 일이 있어도 남에게 아쉬운 소리를 안 하고 굽히지 않는다. 그런 집안에서 장수자가 많이 나온다. 아무나 사귀지도 않고 정직하고 교양이 있는 사람과 어울린다. 그만큼 사람을 적게 만나므로 위생적이고 스트레스도 피할 수 있다.

나의 집안도 양반 집안이라 설날이면 세배 오는 사람이 많았다. 자손들이 거의가 명예직, 관료직, 공무원 등으로 근무하고 있다. 나는 돌연변이로 태어났는지 춤과 바둑으로 한세상을 보냈다. 그러나 한국의 무도관이 초창기에 자리를 못 잡을 때 강남의 지부장으로 일조를 했다. 그것도 한때였고 다른 사람들에 비해 일찍 손을 끊고 산으로 들어가서 오리를 키웠다. 피는 못 속인다고 자존심이 대단히 강했다.

대형업소 지배인 출신에다 무도관 원장 경력이 있어서 무도장이나 콜라텍 같은 곳에 놀러 다니지 않았다. 카바레에 한참 다닐 나이에도 극장식이 아니면 들어가지 않았다. 아르바이트 카바레에 가면 객석에 앉아 담배만 피우고 있는 사람이 많았던 것이다. 내가 담배 피우는 사람에게 성질을 내면 곧 영업 방해가 되기 때문이다.

언젠가는 명동에서 중국집에서 식사를 하고 있는데 젊은이 두 사람이 들어와서 앉자마자 담배를 끄집어 냈다. 나는 어찌나 열을 받았는지 소리를 지르고 말았다. 손님들은 나가 버리고 주인에게 아주 미안하다고 사과한 적이 있다. 요사이도 가락시장 횡단보도에서 담배 피우는 사람을 보면 한마디씩 하게 된다. 빨리 죽지도 않으면서 남에게 피해를 주고 다닌다고 담배 피우는 사람에게 말한다.

한나라당 국회의원들이 서민을 위한다고 담배값을 세계 수준으로 올리지 않아 죽을 맛이다. 언젠가는 그 작자를 만나 따져 보아야겠다. 아마 그런저런 이유로 지금까지 살아 있는지도 모른다.

영동시장 강남회관 지배인 시절에는 초저녁에 손님이 오면 바빠진다. 테이블에 빈 맥주병과 콜라와 마른 안주를 먹으면서 댄서 아가씨들과 손님인 척 행세를 하다가 여자 손님이 오면 가지 못하도록 춤을 추어 준다. 지금 기억으로 파트너가 바뀔 때마다 나는 손을 씻지 않았다. 담배 연기가 자욱한 술집에서는 여자의 호르몬과 화장품, 남자의 호르몬과 담배의 니코틴 등이 화학 작용을 일으켜서 세균이 떠돌아 다닌다. 젊은 시절이어서 면역성이 강했겠지만 이제 와서 손을 씻지 않았던 것을 반성해 본다.

　좁은 장소에 사람들이 모여 있으면 병이 옮겨질 확률이 높으나 주로 나이 든 노인이나 임산부, 만성질환자(당뇨, 신장질환, 폐질환, 심혈관질환, 간질환, 악성종양, 소아 및 면역저하자)가 여기에 해당된다. 증상에 있어서도 대단히 민감하여 초기에 감을 잡기 어렵다. 바이러스가 여러 가지로 인간을 시험하고 있다. 약간의 두통이나 콧물 감기 기운이 있어도 발열이나 구토, 설사 등이 없으면 일단 안심이다. 외국 사람이 지나가면 독특한 냄새가 나듯 세균도 고향과 특색이 있다. 노인들에게서 노인 냄새가 난다고 한 것도 목욕을 자주 안 하여 세균이 발광을 하고 있는 것이다. 세계 여행을 다녀온 사람들이 신종 바이러스에 걸리는 이유는 그만큼 행동 반경이 부자연스러워 그 나라 환경에 잘 적응하지 못했기 때문이다.

　나는 기원에 가면 용돈이 생길 정도의 바둑 실력인데도 기원에 가지 못한다. 담배 연기뿐 아니라 바둑알이 청결한지 의문이 생겨서이다. 오직 춤 실력과 바둑 실력이 전부인 나의 경우 이러한 것 때문에 설 자리가 사라지고 만 것이다.

　짐승을 키워 보면 조류 독감과 바이러스 독감의 정체를 쉽게 이해할 수 있다. 닭이나 개를 많이 키우다가 병이 오면 한꺼번에 몰살한다. 일정 간격을 유지해야 하는데 많은 닭이나 오리가 붙어 있어서 바이러스 침투 속도가 훨씬 빠르다.

　하남 검단산의 오리 농장에 대한 미련이 가시지 않아 2002년도에 강남구 대모산 쪽 여성 보호소 아래쪽에서 1년 정도 오리를 키운 적이 있다. 옆 하우스에서는 중곡동 박씨가 개를 키웠다. 어느 날 모란시장에서 사온 개가 며칠 못 가서 죽고 말았다. 박씨는 사료를 아끼느라고 짬밥을 보호소에서 얻어 와 끓여서 먹여 왔다. 원래 있는 새끼들은 평소에 엄마 밥을 조금씩 맛을 보아서 짜고 매운 것에도 잘 적응하여 면역을 키워 나갔다. 엄마의 손길이 새끼들에게 영향을 미치어 약손이 된 것이다. 모란장에서 가져온 개는 상당히 큰 개였는데도 짬밥의 매운맛을 견디지 못하고 한꺼번에 세 마리가 죽은 것이다. 엄마의 심정으로 돌아가서 사료와 함께 짬밥을 조금씩 먹이면서 적응시켜야 했는데 다 큰 개로 보고 방심했던 것이다.

사람이나 짐승이나 환경이 바뀌고 갑자기 색다른 음식을 먹으면 몸에 저항력이 떨어지고 만다. 의사들이 짜게 먹으면 암에 걸린다고 한다. 맞는 말이다.

십수 년 전에 고향 사람에게 왜 그렇게 짜게 먹느냐고 물은 적이 있다. 자신은 어렸을 때부터 짜게 먹는 버릇이 있어서 도리어 싱겁게는 밥을 못 먹는다고 했다. 면역력이 생긴 것이다. 그래도 혹시나 하고 연락을 해보았다. 80세가 다 되어 가도 아직도 건강하며 콜라텍에 놀러 다닌다고 하였다.

한국의 부지런한 여자의 손은 약손이다. 약손의 보배로움이란 쓸어 주기, 짚어 주기, 주물러 주기 같은 외형상의 것뿐 아니고 정신적인 정성이 내재되어 있다. 일정한 수법의 인술이 아니라 절실히 필요한 어머니와 아내의 사랑이다. 다양한 영양소를 골고루 갖춘 좋은 음식을 만들고 뜨거운 국을 끓여서 가족들의 신체기관에 세균이 침투하지 못하도록 위험을 방지한다.

 남자의 손은 많이 쓸수록 사고가 날 염려가 있지만 여자는 손끝만 스쳐도 맵시가 나고 손놀림이 많을수록 강한 것을 유연하게 만든다. 파, 마늘, 양파, 생강, 고추를 무기 삼아 병균으로부터 침범을 막아낸다. 고달픈 몸과 마음을 포근하게 보듬어 주는 참다운 사랑, 나눔의 품 속으로 뿌리내려 새로운 모습으로 되살아난다.

세계를 주름잡는 여자

부시·라이스 시대에서 오바마·클린턴 시대가 열렸다. 나는 라이스가 세계를 종횡무진하고 다닐 때 좋지 않은 기분을 느꼈다. 웬 흑인 여자가 갑자기 나타나서 세계의 모든 일에 사사건건 간섭을 했기 때문이다.

라이스는 목사의 딸로 태어나서 대학에서 소련학으로 박사학위를 받고 교수를 거쳐 국제안보 보좌관을 지내다가 부시정권 2기에 국무장관으로 임명되었다. 9·11테러와 이라크 전쟁이 그녀를 바쁘게 만들었다. 미국 정부의 입장을 대내외에 알리고 그에 따른 반응에 적극 대응한 것이다. 부시 정부가 끝날 때까지 요란스럽게 움직였으나 여기저기 벌여 놓은 정부의 정책을 확실하게 마무리 짓지 못했다. 자살 테러에 대해서도 원인을 분석하여 뿌리를 뽑지 못했으며 북한의 핵문제도 해결된 듯하다가 흐지부지되고 말았다. 한국 배가 소말리아 해적에게 174일 동안이나 억류되어 있을 때 어떠한 생각을 했는지도 궁금하다.

미국 정부의 근성은 자기 나라와 직접 관계가 되지 않은 일은 계속 지켜보면서 이해득실을 따져 보는 습성이 있다. 세계 질서를 유지시키는 데 확실한 신념이 없이 갈팡질팡하다 보니 세계는 항상 시끄럽다.

부시 정부에 와서도 일방적인 행동을 해오다가 지쳐서 북한 핵문제부터는 다자주의를 선택하여 6자 회담을 이끌어 냈다. 오바마 정부에 와서는 노골적으로 세계는 미국에만 요구하지 말라고 하면서 더욱 겸손하게 외교정책을 펴기로 했다. 전쟁을 안 하고도 여러 가지 제재를 통해서 상대를 굴복시키겠다는 주의이다.

오바마는 유엔 연설에서 세계를 향하여 말과 행동에서 세계와 같이 협력하는 새 시대를 추구하겠다고 하여 취임 9개월만에 노벨평화상을 받게 되었다. 다자주의가 반드시 좋은 것만은 아니다. 문제를 빨리 해결하려면 리더와 단독 회담으로 결말을 지어야 한다.

북한의 핵문제도 미국의 입장에서는 급한 일이 아니었다. 미국이 우려한 것은 북한이 붕괴될 경우 한반도가 중국과 무역이 더 활발해질 것을 우려한다. 부시 정부 때 북한 핵문제가 거의 다 해결된 듯했는데 슬그머니 비껴 갔다.

나는 중국이나 일본이 한반도의 통일을 원치 않으면서 핵문제만은 해결하려고 노력하고 있다는 것을 알고 있다. 일본이 미국과 북한 사이에서 어떤 문제에서 조율이 되지 않았는지 궁금하다. 북한의 납치문제를 강력히 개입시켰는지 또 어떤 문제가 있었는지 모를 일이다. 그때 상황에서 핵문제가 다 해결된 줄 알고 관심에서 멀어졌다. 신문이 쉬었든지 아니면 내가 잠시 딴생각만 했든지 둘 중의 하나이다.

콜린 파월이나 콘돌리자 라이스는 흑인 소수인종의 지위 향상에 기여하여 결국에는 흑인 오바마가 대통령에 당선되는 데 일조를 하는 셈이 되고 말았다.

미국은 거대한 나라여서 대통령이 누가 되든 국가의 정책이 크게 바뀌지 않는다. 흑인 대통령이 된 것에 대해 크게 동요하지 않는다. 흑인도 한번쯤 대통령을 할 수 있는 것이다. 하지만 나는 오바마 당선에 좋지 않은 예감이 들었다.

2009년 2월 20일 미국 오바마 행정부 출범 후 처음으로 한·미 외교장관 회담이 클린턴 국무장관 방문으로 서울에서 열렸다. 한·미 양국은 그 어느 주제보다 북한 문제에 대해 한마음이다라고 말하고 양국간 긴밀한 공조를 재확인했다. 청와대 오찬에서 이명박 대통령이 한국과 미국은 말 그대로 혈맹의 관계라고 하자 클린턴은 2만 5천 명의 주한미군 존재가 바로 그 증거라고 화답했다. 미국과 동맹 관계가 오래 되었는데도 지금도 친하다는 것을 확인하고 있다. 클린턴은 북한이 제2차 핵실험을 단행했던 것에 대해 상응하는 대가가 따를 것이라고 경고했다. 가장 중요한 핵심은 금융제재이다. 국제 사회를 통한 확고하고 끈질긴 제재를 통해 자국의 이해관계에서도 불리한 협상은 하지 않을 것이란 것이다.

  2009년 3월 17일 북한과 중국의 국경에서 탈북 여성을 취재하다 체포된 2명의 여기자가 몇 개월 동안 소식이 없다가 6월 4일부터 8일까지 재판을 벌여 각 각 12년의 노동 교화령을 언도했다. 6월 7일 미국 ABC방송은 클린턴 미국무장관이 이미 북한에 서한을 보내 여기자들의 침입을 대신 사과하며 석방을 호소했다고 보도했다.

  나는 오래 전 프에플레호 납치사건 때 미국의 무반응을 이해하지 못했다. 한국인의 아프가니스탄 납치사건이나 휴전 협정 등 미국의 행동이 마음에 들었던 것은 하나도 없다. 부시 정부와 오바마 정부의 공통점도 발견했다. 2006년 10월 북한의 1차 핵실험 때나 2009년 5월 25일 2차 핵실험 때 따끔하게 혼을 내지 않고 구렁이 담 넘어가듯 유엔 안보리로 떠넘겼다. 부시는 6자 회담을 진행하면서 다된 밥을 마무리를 확실하게 짓지 않았으며 오바마도 말만 무성할 뿐 즉시 응징을 하지 않았다. 머리 싸움에서 북한이 이긴 것인지 미국의 작전이 변경된 것인지 알다가도 모를 일이다.

  예전에 강남의 이발소 사건이 떠올랐다. 80년대 후반기쯤 아주 오래 전 이야기다. 새벽에 이발소에 손님이 와서 행패를 부리고 응접실의 수석을 던져 약간의 기물을 파손시켰다. 충분한 요금을 내지 않고 잠을 자고 서비스도 자기 마음대로 받으려고 하자 아가씨와 시비가 붙은 것이다. 논현동에 살고 있는 나에게 연락이 와서 싸움을 말렸다.(주인은 이발소를 두 개 운영하느라고 방배동에 있었다)

파출소를 거쳐 경찰서에 가서 조사를 받았다. 원인은 그 사람이 잘못 했지만 나에게 얻어 터져서 진단서를 끊을 정도였다. 담당자는 일방적으로 몰아붙이면서 기물 파손건으로만 합의를 시켰다. 경찰은 한 눈에 돈 나올 구멍을 찾은 것이다. 미국은 경찰 국가다. 세계 여러 나라를 주시하면서 어디서 돈 나올 구멍이 있나 찾고 다닌다. 그때 이발소 손님은 대기업 간부이고 나는 백수라 지금의 남한과 북한의 상태와 비슷한 꼴이다.

미국은 어떻게 해서라도 한국의 돈을 우려먹을 궁리를 하고 있다. 주식에서도 떡고물 찍어 먹듯 먹어 치운다. 한국은 여기 저기서 바가지가 많이 새서 치다꺼리만 할 뿐이다. 가끔 무기도 사야 하고…. 건달들은 큰 돈 없어도 비상금은 챙긴다. 목숨과 관계된 일이어서 사생결단을 하여 잘 털리지도 않는다. 미국은 북한의 배가 무기를 싣고 가서 뒤를 쫓는다고 했다. 어느 지점에 가서는 정박을 하는 척하다가 다시 항해를 계속하고 있다고 했다. 그동안 유인 작전을 펴면서 중국이나 러시아의 육로를 통해서 무기를 팔았을지도 모른다면서도 그동안 협조국이 늘어났다고 자평했다. 안보리에 제재를 요청하면서도 뺏어 먹을 것이 없나 탐색하는 것이다. 한국의 법관들이 용서해서는 안될 범죄자들에게 벌금이나 집행유예로 풀어주고 또 사건이 생기면 변호사가 또 한턱을 쓰는 모양새와 비슷한 형태다.

2009년 6월 12일 이란 대선에서 하메네이 최고 지도자가 현 대통령 당선을 인정했는데도 개혁파들이 대규모 시위를 벌였다. 이에 대해 유럽 연합이나 미국의 오바마는 평화 시위와 의사 표현의 자유를 보장하라고 하면서 불법 시위를 부추겼다. 한국에서는 법무부장관을 지낸 사람이 촛불시위를 부추기거나 개인 시위를 하여 웃음거리가 된 적이 있다. 시위가 많은 한국에 살고 있는 나로서는 아연실색할 따름이다.

오바마가 여기저기서 발언했던 것을 분석해 보면 북한을 가볍게 보고 이란 핵에 대해 신경을 더 쓰고 있다는 것을 감지할 수 있다. 북한과 어떤 전쟁도 임박하지 않았다는 소리도 오바마만이 할 수 있는 소리다. 미국에게 언제라도 제압을 당할 줄 알면서 깐죽거리고 있다는 것이다. 각종 제재를 가하여 스스로 붕괴되느냐 아니면 핵문제를 해결하여 일정선을 유지하느냐에 대해 중국의 눈치를 보고 있다.

2009년 12월 10일 미국의 대북정책 특별대표인 스티븐 보즈워스가 2박 3일간의 평양 방문을 마치고 서울로 돌아와서 방북 내용을 설명했다. 오바마 행정부의 첫 대면이어서 2005년 9월 6자 회담에서 채택한 9·19 공동성명의 핵심 내용을 확인하는데 그치고 진전된 내용은 없었다. 미국 정부는 방북 결과에 대해서 합격점을 주고 클린턴 장관도 예비적 대화로는 상당히 긍정적이라고 평가했다. 원래부터 회담의 목적이 특별한 성과를 거두기 위한 것이 아니라 미국의 입장을 전하는 데 맞춰졌기에 성공으로 판단한 것이다. 한국 정부의 일괄 타결 구상과는 거리가 먼 이야기였다. 미국과 북한은 6자 회담 필요성에 공감한다면서도 북한은 평화 협정을 포함한 한반도 평화체제 문제는 남·북한과 미국·중국이 참여하는 4자 대화로 논의하자고 하여 미국이 합의했다고 했다. 핵문제도 해결하지 않은 채 평화체제 운운하는 것은 북한이 주도권을 쥐고 유리한 조건만을 내세울 것이 뻔하다. 미국이 6자 회담을 재개하자고 북한을 설득한 것부터가 잘못이다. 북한은 장거리 로켓 발사에 대응한 유엔 안보리 제재를 이유로 6자 회담을 거부했기 때문이다. 상식적으로는 북한을 제외한 5자 회담을 몇 번 열어서 시시각각으로 압박하는 수순을 밟아야 했다. 미국은 항상 한국에 대해서 비장의 카드를 써먹기 위해 연구하는 노력이 엿보이는 장면이다. 북한의 정보를 미국보다도 남한에서 먼저 알아야 한다.

오바마 대통령과 클린턴 국무장관이 세계 질서를 진정으로 유지시키고 싶다면 독일 메르켈 총리를 비롯한 세계 여러 나라 여성 지도자들을 먼저 만나서 토론을 할 필요가 있다. 그 중에는 대통령 부인이나 사회 지도층 인사도 같이 할 수 있다. 세계는 자수성가 여성 정치 지도자가 많다. 21세기는 여성들이 세계를 주도해야 한다.

내가 본 경지에서는 남성 정치 지도자들 중에서는 진정으로 세계 질서를 잡겠다는 사람은 안 보인다. 어떻게 해서든 자기 나라 경제에만 신경을 쓴다. 질서를 유지하는데 있어서는 여성이 남성보다 행동적 움직임이 적극적이고 창의력이 뛰어나며 풍부한 감성으로 섬세하게 리더십을 발휘할 수 있다. 그렇다고 클린턴이 여성인권 대변자가 되어서는 절대 안될 일이다.

여성이 존경받고 권리가 보장되는 세계를 만들려면 남자들의 질서의식을 바로잡아야 한다. 세계 어느 나라나 국가 공권력을 해치는 시위는 일단 뿌리 뽑아야 한다. 시위를 하는 것은 인권의 상실로 보아야 한다. 인권의 불균형 현상을 바로잡은 시대에 접어들었다.

노년에 학교에 가고 싶은 여자

여성의 사회 활동이 활발해지고 경제적 능력이 향상되면서 그로 인한 변화가 여러 분야에서 나타나고 있다. 자식, 손자가 장성하여 사회적 지휘를 획득함으로써 부모의 역할을 하기 위한 문화의 공유성을 절실하게 실감한다. 정보사회와 컴퓨터 통신시대에서 더 이상 수동적인 입장이 아닌 것이다.

현재의 60, 70대의 노인들 중에는 해방과 6·25전쟁의 혼란 속에 초등 교육을 전혀 못 받거나 도중 하차했던 사람이 많이 있다. 남성들은 형편이 어려워도 초등 교육 이상을 받거나 서당에 가서 한문을 배웠다. 여성은 밖으로 내돌리면 안된다는 부모의 마음이 가사나 돕다가 시집가면 그만이다라는 사고방식으로 "여자는 바깥일을 하면 안된다"는 이유를 붙여 학교에 보내지 않았다. 물론 여유가 없는 가정에서 일어난 일이다.

농촌에 살 때는 멋모르고 세월을 보냈는데 자녀들이 도시에서 자수성가하여 합류하였을 때는 세월을 한탄하기에 이른다.

배움에 대한 아쉬움에 못 배운 게 한이 되고 늦었지만 자신을 위해 뭔가를 하고 싶어 학구열이 불타오른다. 한글을 모르면 버스도 못 타고 영어와 한문으로 된 간판을 보고 그림인지 글씨인지 어리둥절하며 지나간다. 은행에서 돈을 찾을 때도 은행원의 도움을 받아야 하는 수치스러움을 느끼고 살아야 했다.

각 지방이나 구청별로 특수학교를 개설하여 한글을 익혀 신문을 볼 수 있게 하고 작문도 발표하게 하여 많은 도움을 주었다.

어떤 일이든 분수에 넘치는 행동을 하는 여성이 꼭 있다. 집을 열 채 이상 가진 사람이 만 명에 육박하듯이 지식까지도 쓸데없이 헛욕심을 부리는 것이다.

2008년도에 80대 노인이 전문대에 합격하여 신문과 방송에서 인터뷰를 한 적이 있다. 자식 손자가 자신을 본받아 공부를 열심히 하도록 하기 위해서였다고 했다.

70대에 여고 졸업을 한 여성은 초등학교를 중퇴하고 59년만에 초·중등학교 검정고시를 거친 뒤 고교 3년 과정을 마친 것이다.

해마다 할머니 할아버지들의 학구열 열정이 뉴스의 초점이 된다. 2009년도 역시 11월 12일 실시되는 2010년 대학수학능

력시험에 77세 고령의 할머니가 응시하여 관심을 모았다. 서울 지역 최고령 응시생이지만 전국적으로 이에 버금가는 여성들이 많이 있다는 것을 알 수 있다.

아침에 지하철 신문을 읽고 있는데 CBS 라디오 손숙 한대수 방송에서 도전정신에 박수를 보낸다고 해서 나는 이해할 수 없었다. 만약 50대가 늦깎기로 대학을 나온다면 여자의 수명이 남성보다 5년이 더 길다고 볼 때 가족이나 사회에 봉사할 기회가 생길 수 있어서 좀더 윤택한 생활을 영위해 나갈 수 있다. 70~80대에 대학 과정을 이수할 경우 지식을 자기 머리 속에 가두어 둘 뿐 재능을 사회에 기부할 시간적 여유가 없이 고통 속에서 공부에 시달리다가 세상을 등질 수 있다.

행복한 삶이란 재물이나 지식을 여러 사람과 나누어 갖고 서로 소통하는 것이다. 그 시간에 여성들이 많이 참여하여 만든 문학 월간지를 읽어 보고 가끔 자원봉사를 하는 것이 훨씬 인생에 도움이 될 수 있다.

겉으로 보이는 것만이 진실이 아니다. 사람들의 속마음을 진솔하게 털어놓은 수필을 많이 읽어야 한다. 큰 책방에 가보면 허영심만 날뛰어 세계 여행책 코너에만 사람들이 몰려 있고 문학지 쪽에는 텅 비어 있는 것을 볼 수 있다. 외국에 나가서 목숨을 단축시키는 무리로만 보일 뿐이다.

공부를 정 더하고 싶으면 서울시립대 같은 곳에 가서 인문학 아카데미를 8주간에 걸쳐 수료하면 인생에 많은 도움이 될 수 있다.

 노인들의 역량 강화 차원에서 노인의 역할을 할 수 있는 노후생활 설계, 여가 활용, 건강 관리, 바람직한 노인상 등의 다양한 교육을 받을 수 있다.

 노후 삶의 활력소를 찾는데 도움이 되며 봉사활동을 하는데도 자기 팀을 이끌 수 있는 리더쉽을 배우고 나온다. 자원봉사란 사랑과 기쁨을 함께 나누고 슬픔과 고통을 줄이기 위해서 내가 가진 무언가를 베푸는 활동이다. 열성적인 사람은 외교관 생활을 했던 경험을 살려 외국에 나가서까지 자원봉사를 하는 경우도 있다. 나는 자원봉사를 자주 하지 못하고 아르바이트를 나가지만 적은 수당을 받고 일을 도와준다. 이 방법도 상대방에게 부담을 덜 주는 자원봉사의 한 방법이다. 남이 하는 모습을 보면 참으로 아름답게 보인다. 우리가 한 시대에 태어나서 서로 얼굴을 쳐다보고 이야기할 수 있다는 것이 얼마나 성스럽고 신기한 일인가? 얼마 남지 않은 생명이 있다면 흙으로 변할 때까지 이왕이면 서로 부축하며 넘어지지 않고 꽂꽂이 걸어서 스스로 사라지는 뒷모습을 보이면 한없이 아름다울 것이다.

 올해는 신종플루 때문에 수능시험장에서 학교 후배들의 응원을 못하게 한다고 해서 기대를 해보았는데 약속이 지켜지지 않았다. 부모들도 절에 가서 기도를 하거나 교문 앞에서 서성거린다. 우리만의 독특한 풍습은 고쳐야 한다. 이런 모습을 제

지하지 못하기 때문에 질서를 바로잡기가 어렵다. 술을 먹고 범죄를 저지른 것도 벌을 엄하게 더 주어야 하는데 수십 년 동안 반대로 처리했다. 2009년 정기 국회에서 민생을 외면하고 비슷한 질문에 비슷한 답변만을 들으면서 겨우 50여 명만이 자리를 지켰다. 그렇다고 봉사활동을 하는 것도 아니면서….

한국의 질서 문제뿐 아니라 세계 질서를 유지하는 문제를 꾸준히 연구하지 않고 국내의 계파정치에만 의존하고 있다. 평소에 열심히 일하지 않고 자기 계파가 정권을 잡을 때까지 기다린다면 어느 세월에 질서가 잡히겠는가?

국회가 정치를 주도하는 것은 애초부터 잘못된 것이었다. 영국이나 미국에서 배웠던 것인데 한국인의 특성상 도리어 맞지 않는다는 것을 국민들은 실감했을 것이다. 그러나 정치는 현실이어서 앞으로 더욱 잘 되길 바랄 뿐이다.

하루에 백자 이상의 글을 쓰고 천자 이상의 글을 읽고 만보 이상의 길을 걸어야 한다는 말이 다시 떠오른다. 만보 이상은 맹목적이 아닌 봉사활동이면 더 좋다.

앞으로는 더 이상 노인 학력에 대해서 언론의 뉴스거리가 되지 않았으면 하는 마음이다. 자신만의 만족을 얻든 취미생활을 즐기든 각자의 생각을 존중해 주면 된다.

섹스를 거부하는 여자

 2007년도의 실태 조사한 바에 의하면 부부 10쌍 중 1쌍이 따로따로 잔다는 것이었다. 2010년으로 가는 길목에서 볼 때 부부관계가 더 좋아질지는 만무하다. 그동안 경제가 어려웠기 때문이다.
 여성은 나이가 들수록 배우자에 대한 만족도가 떨어지며 몸도 마음도 편안함을 더욱 좋아한다. 젊은층에서도 한 달에 1회 이하의 성생활을 하고 있는 섹스리스 부부가 30대에서 15.7%가 나왔다. 한국의 기혼 부부는 성격 차이라는 변명을 하지만 원인은 주로 언어 차이에서 발생한다.
 21세기 여성들은 스트레스가 쌓일 만큼 쌓여 있어서 배우자가 언어 폭력을 가하면 상처를 크게 입는다. 남편의 말이 본심이 아니었는데도 그 진심을 읽지 못하고 자존심이 이혼을 부르기도 한다.

예전에는 여자가 이혼을 하면 불륜관계를 떠오르며 인기가 없었는데 요즈음은 자존심 싸움으로 헤어지기 때문에 이혼녀들도 제법 인기가 높아 총각들과 재혼을 한다.

성은 음식을 먹는 것과 같아 가장 중요하며 향상심의 원천이 되기도 하고 때로는 극단적인 투쟁의 목표가 되기도 한다. 맛있는 음식을 기다리듯 성관계도 즐거운 마음으로 기다려야 한다.

평소에 성에 대해 부부의 대화가 있는 사람과 없는 사람의 차이는 크다. 여자 쪽에서 남편의 욕구를 눈치 채고 먼저 다가가면 좋으련만 시간과 공간이 허락지 않는다. 남편의 욕구 불만이 쌓이면 불똥은 딴 데로 튄다. 회사에 나가면 직원들에게 자신도 모르게 화를 낸다. 해병대 사령관이 기분이 나빠 정강이를 날리면 그 동네 달구 새끼들이 살아남지 못한다는 이야기가 있다. 위에서 단계별로 화풀이를 하게 되어 제일 졸병은 할 데가 없어서 지나가는 닭에게 분풀이를 하게 된다는 설이다. 전 세계의 여성이 섹스를 거부한다면 스트레스가 폭발하여 핵보다 더 무서운 위력을 발휘할 수도 있다.

나의 친구 중에 중학교 때까지 영어책을 못 읽었던 애가 미국의 고급 아파트에 살고 있다. 기계 체조를 잘하여 H대 장학생으로 나와 국제 심판이 된 것이다. 그 아파트에서는 이사 오는 사람들의 정서적 친밀도와 질서의식까지 점검하여 부족한 사람은 입주하는 데 '환영받지 못한다'고 했다. 자신의 생활을 은연중 자랑했다.

한국에서는 겉으로는 부부 행세를 하고 있지만 아파트 평수를 반으로 나누어서 서로 따로따로 행동하는 사람이 늘어나고 있다. 신형 아파트는 그것을 예측이라도 한듯 화장실이 두 개씩 있다.

부부 사이에 과도한 성관계를 요구하는 것은 이혼 사유에 해당한다는 판결이 나온 적이 있다. 평소 건강이 좋지 않았다가 건강이 회복되어 옛날 못했던 회포를 풀기 위하여 아내가 마음의 준비가 되어 있지 않은 상태에서 강압적으로 성관계를 요구하는 경우도 있다.

남자의 성 욕구는 에너지의 발산이다. 마음과 체력이 안정이 된 건강한 상태이다. 낮에 성 욕구를 자주 느끼는 자는 직업과 연관이 있다. 노동 일을 하다 쉬는 날 낮잠을 자고 피로가 풀리면 힘이 솟는다. 또는 갑조 을조 근무로 24시간 근무하고 24시간 쉬는 직업 등이다. 이런 경우 남자의 리드 기술과 여자의 배려가 절실하게 필요하다. 여자가 성관계를 못할 처지라도 간단하게 오럴 섹스를 해주거나 강한 스킨십으로 남편을 안정시켜 다음 근무에 차질이 없도록 노력해야 한다.

가령 어떤 일에 실패하여 좌절하더라도 섹스에서 만족하면 그것만으로도 다시 재기하려는 원기가 솟구쳐 오른다.

아내가 경제권이 있다고 해서 남편을 무시하고 다른 돈 많은 남성을 좋아하다가 사기를 당하는 경우를 흔히 볼 수 있다. 이 기적이고 잘난 척만 하는 여성은 홀로 사는 노인에게 스킨십에 있어서도 인색하다. 손목이라도 한번 잡아 드리면서 인사를 건넨다면 노인에게 의욕을 심어 주는 동시에 행운은 자신에게 오는 것이다.

60세도 못 되어서 벌써부터 각 방을 쓰는 버릇을 하면 그 집의 희망은 수렁으로 빠져들고 남성의 최후 버팀목은 무너져 버리고 만다. 남편이 코를 심하게 곤다든지 술, 담배 냄새 등 악취를 풍기는 경우 싫어할 수 있다. 성 욕구가 사라진 상태에서는 남편의 모든 행동이 거추장스럽게만 보이는 것이다.

여성이 변명하기 가장 좋은 이유는 남편이 각종 성인병으로 성기능의 구실을 못할 때이다. 남녀의 성기능 장애는 혈관 기능의 쇠퇴다. 남자가 당뇨 등으로 혈액 공급이 원활하지 못하여 성기가 팽창하지 않는 것처럼 여자도 몸 안에 기름기가 잔뜩 끼면 질 또는 클리토리스 감각이 저하되어 흥분이 되지 않는다.

남자들은 죽을 때까지 자기가 계획한 일을 성취하려고 하면서 명예, 돈, 섹스를 생각한다. 부인의 입장에서는 남편의 마음을 확인하고 사랑하기 위해서도 섹스를 유지해야 한다.

2009년 4월 AP통신의 보도가 나의 관심을 자아냈다. 아프가니스탄의 시아파 사회에 적용되는 가족법에는 아내가 병원 검진을 받을 때 남편의 동의가 필요하고 최소 4일에 한번은 남편의 잠자리 요구에 응해야 한다고 규정한 조항이 있다고 했다. 카르자이 대통령은 대선에서 보수적인 시아파 무슬림의 표를 얻기 위해 이 법안에 서명했었다. 그러나 유엔과 산하 원조기구 등으로부터 남편의 아내 강간을 합법화했다는 강한 비판을 받자 가족법의 위헌 여부에 대해 검토를 지시한다고 했다. 이 법안에 관심이 집중된 가운데 4월 프랑스에서 열린 나토(북대서양 조약기구) 정상회의에서 미국의 오바마, 프랑스 사르코지, 독일의 메르켈 등이 여성 인권을 억압한다는 이유로 반대 의사를 밝혔다. 아프간의 카르자이 대통령은 국제 사회에서 법안에 대한 잘못된 이해 때문이라고 하면서도 문제점이 발견되면 수정하겠다고 했다.

미국, 프랑스, 독일의 정상들은 각 나라의 대표이지만 인생의 정상은 못 되겠구나 하는 느낌을 받았다. 전문가들에게 연구, 분석, 검토하게 하지 않고 그 나라의 전통문화를 송두리째 무시한 발언을 하였다. 그래서 세계는 항상 어지럽게 돌아간다. 아내가 병원 검진을 받을 때 남편이 알고 있으면 좋다. 동의까지는 어린 신부가 아닌 이상 불필요한 사항이다. 최소 4일에 한번은 남편의 잠자리 요구에 응해야 한다는 규정은 가정의 평화를 위해서 수긍 가는 조항이다.

정상적인 남자는 3일 정도면 성 호르몬이 회복되어 4일째는 배출시킬 수 있는 힘이 솟고 몸 속에서 꿈틀거리기 시작한다. 배출시키지 않으면 몸이 뻐근하고 신경이 예민해져서 사소한 일에도 신경질을 부린다. 다른 여자의 육체를 보면 발끈거린다. 생리적인 면에서 볼 때 지혜로운 법안이라고 생각한다. 한국인의 경우 부인의 사정이 여의치 않거나 홀로 있는 남자는 갈 데가 없다. 술과 담배로 회포를 풀다가 술주정을 하거나 음주사고를 내기 일쑤다.

참여정부 때 성방지 특별법을 만들어 사창가를 없애는데 주력하였다. 서민들은 행동 반경이 더 줄어들었다. 돈 많은 사람들은 제2, 제3의 장소를 옮겨 가며 얼마든지 성을 즐길 수 있지만 서민들은 경비를 부담할 재간이 없다. 그 시절 이전부터 여성납치 사건이 많았던 것에 중점을 둔 정책이었다. 평소에 범인들을 색출하여 엄격히 처벌하고 성 접대를 원하는 여성들은 구청별로 관리를 할 수 있는지 연구해 볼 만한 일이다.

이혼을 하고 시장에서 장사를 하는 50대 남자를 알고 있다. 돈을 제법 벌지만 유흥비로 죄다 날리고 시골 부모에게 용돈을 보내지 못하고 있다. 경기도 싸구려 여관에 성매매를 할 수 있다는 소문을 들었지만 서울의 젊은이가 경기도까지 가서 성을 구걸한다는 것은 자존심을 구기는 일이다. 매일 노래방을 전전하며 도우미를 부르고 술을 마셔대다 보니 여러 군데 외상까지 지게 됐다. 밤에 못 나간 날은 방콕 신세가 되어 자위행위라도 해야 직성이 풀린다고 토로했다.

식당에 가서도 식당 주인이나 종업원들에게 관심을 표명하는 남자들이 많다. 저렴한 가격으로 마음 편하게 술 한 잔 할 수 있는 곳을 찾기가 힘들다. 한국 남자들이 왜 이렇게 불쌍한 신세가 되었나 하는 생각이 들었다.

남녀가 결혼을 하면 신혼 초에는 체력 조건에 따라 매일 할 수도 있고 직장 문제 등으로 주말 부부도 될 수 있다. 생활 여건에 따라 부부 성생활이 여러 형태로 나타난다. 신혼 생활을 즐기는 기간은 6개월 또는 1년이라고 보통 말한다. 그러나 대부분 몇 개월에 불과하다. 남성이 한 여자와 성관계를 오래 지속하지 못한다는 것은 조선시대 역대 왕들이 증명해 주고 있다. 현대의 남성은 자신의 처지가 허락지 않거나 건전한 가정생활을 유지하기 위하여 의무적으로 충실하는 것이다. 인기가 있는 사람은 결혼 초에도 여성과의 프로그램이 짜여져 있다. 결혼은 당사자가 하는 것이 아니고 가족과 가족 간에 하는 것이어서 교양과 체면을 지키느라 노력할 뿐이다.

아프가니스탄의 가족법 조항이 있다고 해서 평생 지킬 수 없는 문제이다. 결혼 초에는 성욕이 왕성하지만 어느 시기가 지나면 정액의 생산이 줄고 성욕이 떨어져 횟수가 줄어든다. 젊을 때는 서로 조금만 봉사정신을 발휘하면 남편의 사업 의욕을 높여 주어 생활 터전을 잡는데 유리한 고지를 점령할 수 있다. 4일에 한번씩의 의무적인 조항은 어느 정도 시간이 지나면 자연스럽게 깨지기 마련이다. 오바마는 여성 경험이 부족했다 치고 여성 편력이 심한 사르코지에 대해서 실망감이 컸다.

20여 년 전 강남의 논현동과 반포의 기원에서 사범 격으로 일을 봐주고 있을 때의 일이다. 나이가 50대로 보이는 김 사장이 나와 바둑을 두면서 친구 이야기를 했다. 건너편 가게(여성용 대형 매장)의 주인이 친구인데 싸롱에서 아가씨가 새로 들어오면 친구에게 전화 연락이 온다고 했다. 그 친구는 30세 이상은 여자로 취급하지 않는다고 했다. 자기의 부인은 집지킴이인지 관리인인지 궁금했다.

    또 반포 쪽의 기원 원장은 80이 넘었는데 한 달에 한 번씩 넥타이에 정장을 하고 나왔다. 예식장에 가는 줄 알았는데 시간을 예측하며 나갔다 오겠다고 했다. 좀 늦을 거라며 그때야 실토를 했다. 부인과 며느리가 따로 용돈을 주며 청량리 588에 다녀오라고 한다고 했다. 남편은 늙었어도 성욕이 아직 살아 있고 자신은 너무 늙어서 서비스를 편하게 해줄 수 있는 기능이 부족함을 느끼고 남편을 배려하는 마음인 것이다. 나는 그때 한국에도 똑똑한 여자들이 많이 있겠구나 하는 생각이 들어 여자를 무시했던 평소의 생각을 많이 바로잡았다.

    남성만 성욕이 강한 것은 아니다. 여성도 일정 나이에 이르면 성욕이 왕성하여 남편의 힘이 부족할 경우 남의 남자로부터 욕구를 채우고 싶어 한다.

    나의 예를 들면 아주 가관이다. 내 나이 44살, 여자 42살이었다. 영동시장에서 떡집을 했던 부부가 장사를 그만두고 시간이 남아 나에게 춤을 배우고 있었다. 근처에 새로 이사 온 여자가 보신탕집을 개업하였다. 균형이 잡힌 얼굴의 눈빛이 애수에 젖어 남성을 탐할 수 있는 인상이었다. 아니나 다를까 뭇 남성들이 모여들기 시작했다. 매일 고스톱판이 벌어지고 그 여자는 고리를 뜯어서 손님에게 맛있는 것을 대접하기는커녕 그 돈으로 화투를 쳐서 잃어버렸다. 한마디로 끼가 있는 것이다. 이 여자를 차지하려면 시장 장사꾼들의 텃세를 이겨내야 하는데 만만치 않았다.

연구 끝에 보험회사의 베터랑급 여자를 통해 소개를 받았다. 나는 잠원동 길가의 사무실과 붙은 곳에서 춤 교습을 하고 있을 때였다. 식당의 여가 시간을 이용해서 첫 관계를 가졌는데 망신을 당하고 말았다.

오래간만의 남자 접촉이었던지 "이건 내 것이다"라고 소리를 지르며 자신의 기분을 발산시키자 사무실 사람들이 무슨 일이 생겼는지 구경 오는 통에 얼굴이 화끈거리고 말았다.

서로의 마음이 성으로 열리자 가게에서 셔터를 내리고 영업이 끝나기가 무섭게 바로 잠자리에 들어갔다. 셔터를 내리자 시장 남자들이 질투를 하고 들여다보는 모션까지 취했다. 남자들이 좋아하는 이유는 성관계를 맺고 싶은 호기심일 것이다.

한 달 정도 잠자리를 같이 하다가 코피를 쏟고 도망다녔다. 한 달에 20번 이상의 성관계를 갖다 보니 사이클로이드 현상이 생긴 것이다. 옛날이야기로만 듣던 것이 현실로 나에게 다가올 줄이야 꿈에도 생각하지 못했다.

나의 경우는 남자가 여자에게 섹스를 거부한 사례이다. 남자에게도 4일 정도 시간을 주는 것이 정답이다. 스킨십은 하루에도 몇 번씩 할 수 있지만 섹스는 인체의 조직에서 성 호르몬을 만들어 놓아야 한다.

수서 안 사장 이야기는 재미있다. 이발소를 경영하는 안 사장은 10년 이상 인연을 맺은 아주 진실한 사이여서 만날 때마다 부인 나옥선 이야기를 끄집어 낸다. 나옥선과는 17년 전 재혼한 사이이다. 내가 섹스를 거부한 여자에 대해 글을 써야 하는데 난감하다고 하자 나옥선과 처음 만나서 다방에서 했던 이야기를 쓰라고 해주었다.

나옥선이 어떤 이유로 이혼을 했냐고 안 사장에게 물었다. 유머가 많은 안 사장은 결혼 초에 옷을 벗고 자기로 약속했고 팬티라도 입는 사람은 이혼의 표시라고 했는데 어느 날 여자가 옷을 입기에 이혼했다고 답했다. 나옥선은 웃음을 못 참으면서 나는 결혼하면 절대 옷을 입지 않겠다고 해서 재혼을 했다고 했다.

몇 년 전부터 수서 임대 아파트에서 편하게 살고 있지만 옛날이야기를 들어 보니 왜 떠돌이 생활을 했는지 알 수 있었다. 안 사장은 딸이 하나 있는데 시집을 갔고 나옥선은 남매의 아이가 있어서 좁은 아파트에서 같이 살 수가 없었다. 나도 하남 검단산 아래서 오리를 키웠던 땅이 경매에 넘어가 광진구 구의동으로 왔다가 송파구로 다시 오는 과정에서 안 사장과 남한산성 아래서 하우스를 짓고 살았었다. 그때 나는 안 사장이 부인이 없는 줄 알았는데 이발 영업이 끝나면 청계천에 있는 나옥선의 식당 방에 가서 섹스를 하고 왔던 것이다. 요즈음은 안 사장이 신이 났다. 100살까지 살 자신이 있다고 하며 나옥선과 매일 섹스를 할 수 있다고 장담했다. 라면에 밥을 말아 먹을 정도면 아주 건강하다. 나옥선의 아들 딸이 집을 떠나고 몇 년 동안 아파트에서 살고 있으니 신이 난 것이다.

너무 신이 난 안 사장은 실수를 했다. 생활이 안정되자 이발소 쉬는 날마다 관광을 다니며 여자들을 사귀기 시작했다. 나이는 71세이지만 풍채가 좋고 젊게 보여서 여성들이 좋아하는 스타일이다. 유머도 있고 돈도 화끈하게 쓴다. 안 사장은 자기의 실수를 모르고 또 나옥선이 나쁘다는 투로 이야기를 했다.

작년 어느 날 밤 나옥선이 옷을 입고 섹스를 거부했다는 것이다. 안 사장은 비아그라를 시간에 맞추어서 먹고 자세를 취하려고 하는데 어안이 벙벙해진 것이다. 센스가 빠른 안 사장은 또 유머를 발휘했다. 섹스를 한번 할 때마다 2만 원씩 준다고 했다. 그리고 위로 올라가면 3만 원이라고 했다. 안 사장은 나옥선을 달랬다. 관광 가서 같이 사진 찍은 여자들은 그냥 회원들이라고 했다. 안 사장은 살림에는 돈을 잘 쓰지 않으면서 남의 여자들에게 돈을 펑펑 쓴다는 것을 나옥선은 알고 있었다. 안 사장도 어떻게든 돈을 뺏길 테니 그런 제안을 했다고 했다. 두 사람의 심산이 맞아 떨어지는 순간이었다.

어느 날은 만 원이라도 더 벌어야지 하며 위로 올라온다고 자랑했다. 나는 오래간만에 통쾌하게 웃었다. 안 사장의 유머에는 안 넘어갈 사람이 없다고 했다.
여자가 섹스를 거부할 때는 무슨 일이든 그만한 이유가 있는 것이다.

도박에 빠진 여자

일상생활에서 한가한 시간을 정서적으로 보내지 못할 때 쉬운 방법으로 무언가를 횡재할 수 없을까 기대하게 된다. 경제가 어려울 때는 미래가 더욱 불확실하게 느껴지며 공허한 마음의 망상을 추스르며 쾌감이나 긴장감을 즐기는 게임을 한다. 사람의 마음속에는 불확실한 것을 확실하게 하려는 잠재의식이 깔려 있다.

2009년 상반기 발표에 의하면 경마, 경륜, 경정 등 사행성 게임보다도 로또에 전념하는 인구가 늘어났다고 했다. 2010년도 1월 초에도 경마 팬이 늘어나고 있는 추세다. 어떤 사람이 실수로 로또 번호를 똑같이 두 번 적었는데 1등에 당첨되는 행운을 얻었다는 뉴스가 나간 후부터이다. 도박성이 강한 사람은 자신도 언젠가는 그 대열에 낄 수 있다는 자신감을 갖는다.

남성들의 손은 무엇을 하든지 해야 직성이 풀린다. 대체적으로 빨리 질리고 또 다른 곳으로 손놀림을 한다.

그에 비해 여성은 한 가지 일에 침착하게 오랫동안 할 수 있다. 시장에서 온종일 늙은 호박을 썰거나 양파를 망에 담고 있는 모습을 볼 수 있다. 전단지를 뿌리거나 쉬지 않고 교회 전도를 하고 다니는 여성도 자주 눈에 띈다.

여성은 뇌 속의 호르몬 작용이 남성과 판이하게 다르게 활동한다는 것을 알 수 있다. 자궁을 수축시키는 옥시토신이라는 호르몬이 뇌에서도 작용을 하여 쉽게 질리지 않는다. 여성은 한 가지 일에 빠지면 느꼈던 쾌감을 쉽게 잊지 않는다. 경제적 능력에 따라 개인차가 있겠지만 남성에 비해 더 많은 시간적 공간이 열려 있다.

나는 50세가 가까워질 무렵 서울을 떠나 하남의 검단산 아래서 오리를 키웠다. 만약 그 땅이 경매에 넘어가지 않았다면 아마 지금까지 거기에 있었을 것이고 이 글도 쓰지 않았을 것이다.

춤 선생 치고는 너무 빠른 은퇴였던지 운명은 나를 다시 서울로 오게 했다. 제일 먼저 떠오른 사람이 영동시장의 한 사장 떡집이었다. 부부가 같이 춤을 배운 적이 있고 떡집 식구들이 오리탕을 먹고 갔기 때문이다.

신사동에서 말죽거리까지 각 동네마다 고스톱판이 널려 있었다. 나의 오랫동안의 활동 무대였지만 몇 년의 공백 기간이 생긴 탓으로 한 사장을 등에 업고 하우스판을 탐색했다. 용돈을 벌기 위해 여성들에게 춤을 배우라고 했지만 한 사람도 배우지 않았다. 고스톱이나 경마 외에는 쾌감을 느낄 수 있는 것이 없다고 판단한 것이다. 우선 춤을 배우는 강습비로 고스톱 밑천을 없앨 수도 있고 또 춤은 배우는 시간에 돈을 딸 수도 있다고 생각한 것이다.

　도박은 불확실성을 바탕으로 작용한다. 처음의 확실한 것이 결과에도 확실하게 나타나면 도박이 탄생하지 않았을 것이다. 사람의 장래성은 실체가 보이지 않아서 미래를 예측할 수 없지만 도박은 실체가 움직이기 때문에 예측할 수 없는 게임인데도 자신감을 갖게 하는 특징이 있다. 그 특징에 여러 사람의 생각이 부분적 공유 현상을 이룬다. 한 게임이 끝나면 또 빨리 반복되기 때문에 한번 실수하더라도 이번에는 돈을 딸 수 있다는 긍정적인 생각과 배짱이 생긴다. 회를 거듭할수록 위험을 위험으로 느끼지 못하고 하나의 진행 과정으로 느낀다.

　동네의 심심풀이 고스톱은 여자들끼리 하는 백 원짜리 동전 내기이다. 도박판의 하우스는 남녀가 모여서 판돈이 커질 수 있으며 물주들도 자주 왕래한다.

　하우스 여자 주인의 정부인 한 사장과 유대가 깊어서 자주 놀러가 식사를 하였다. 옆방에서 TV를 보고 있는데 경찰이 출동하여 소란스러웠다. 꾀돌이 아줌마는 돈을 바지 가랑이에 숨기고 자신은 밥을 해주러 온 사람이라며 떼를 썼다. 이 하우스에 놀러 다니는 최 형사의 도움으로 저녁에 풀려났다. 최 형사는 전직 형사이며 이 지역 관할 경찰서에 근무한 적이 있다. 한 동네에 하우스가 많다 보니 서로 신고하여 쓸데없는 민원만 발생한다.

화투판은 대기 선수나 구경꾼들이 모여들어 점심때만 되면 만수성찬이다. 반찬도 맛있고 인심도 후하다. 점심 얻어 먹으러 왔다가 경찰서 신세를 지기도 한다.

여성들이 경마장으로 빠지는 데는 여러 가지 경로가 있다. 처음에는 고스톱에서 시작된다. 하우스에 놀러 다니는 여자들은 자신도 모르게 경마장에 와 있다. 주말에 고스톱 생각이 나서 주변 하우스에 놀러 갔다가 자신만 외톨이 신세가 되는 것을 느끼곤 한다. 다들 자가용을 대동하고 경마장에 가는 것이다. 고스톱 팀들이 올 때까지 기다리는데 아주 심심하기 짝이 없고 경마도 못하는 사람이라고 깔보지나 않을까 자존심도 구긴다. 공차 타고 가는데 한번 어울려 보는 것이다.

다른 케이스도 얼마든지 있다. 경마공원에 애들을 데리고 놀러 갔다가 경마 팬이 되기도 한다. 친구가 경마나 경륜으로 돈을 땄다고 자랑을 하면 자신도 질세라 오기를 부린다. 남편이 경마장에 다니면서 돈을 잃었다고 하면 자신이 따주겠다고 쫓아다니며 남편에게 정보를 주는 여자도 있다. 과천의 경마공원과 가까운 경기도 쪽 도시의 각 상가에서는 큰 행사를 치르기나 하듯 봉고차를 대절하여 조직적으로 움직인다.

독자들은 필자가 어떻게 경마를 알았으며 실력은 어느 정도여서 아는 체하는지 궁금할 수 있다. 기원 생활을 오래 하면 알 수 있다. 지금은 금요 경마가 있어서 기원 분위기가 어떤지 모르겠으나 내가 한참 전성기에 기원에 다닐 때는 토요일과 일요일은 바둑 두는 손님이 없어서 심심할 정도였다.

케이블 TV 경마 중계방송을 보며 단골손님을 기다렸다. 대개 경마장과 경륜장의 두 패로 나뉘어서 돌아온다. 외국산 말의 이름을 거의 아는 전문가도 있다. 자기들끼리 이야기하는 것을 여러 번 들으면 자신도 모르게 해설자 된다. 기원에서 돈을 빌려가고 안 나타나면 경마장으로 잡으러 가기도 한다.

나는 한 사장 하우스에서 이자로 받은 돈으로 배팅을 해보았다. 세 마리 중에서 하나 맞추는 연승식을 주로 했다. 확실하게 들어오는 말은 배당이 없고 마지막 한 마리는 엉뚱한 말이 3등을 하는데 배당이 좋다. 세 마리가 다 답이 되기 때문에 쉬울 것 같지만 이익을 챙기려면 확실한 말에 많은 돈을 배팅해야 하고 한번 틀리면 그 돈을 만회하기가 쉽지 않다. 연승식은 초보자나 아주 돈 많은 사람들이 한다. 경마 매상을 올리기 위해 마사회에서는 노년층을 겨냥해 복연승식을 만들어 선심을 쓰기도 했다. 축이 있는 연승식인 것이다. 경마의 기본 게임은 최우수 말을 찾고 그 다음 우승할 수 있는 우수마나 복병을 골라 복승식을 한다. 확실한 축마만 선택할 수 있다면 다음 한 마리는 다양한 분산 배팅을 할 수 있어서 재미 있을 수 있다.

한 사장과 같이 하우스를 운영하고 있는 김 여인은 내가 하남 검단산에서 오리 농장을 할 때 왔었던 여자다. 시골티가 가시지 않은 수수한 인상이었다. 평범한 가정주부로 활달한 성격이어서 친구가 많았다. 신사동에서 양재동까지 직선 코스의 상가나 식당 등에서 아르바이트를 하여 아는 사람도 많다. 이 것저것 경험을 쌓아서 자신도 언젠가는 직접 영업을 해보고 싶은 꿈을 안고 딸 둘을 기르고 있었다.

갑자기 남편이 교통사고로 세상을 뜨자 허탈해하며 친구들 노는 곳을 찾아다니며 방탕한 생활에 빠지고 있었다. 사고로 인한 보상금을 탔다는 소문이 나자, 이 돈을 노리는 협잡꾼들이 모이기 시작했다. 모사가 시작되었는데 전직 형사가 주범이었다. 옛날에는 기원에서 퇴직 교장이나 공무원들이 패거리들의 모사에 걸려 퇴직금을 몽땅 날리는 시대가 있었다. 모든 도박은 바람잡이에 의해 모사가 이루어지고 기술자가 일을 마무리한다. 김 여인도 걸려들어 고스톱으로 보상금을 다 잃고 말았다.

많은 돈을 다 잃기까지는 새로운 사람들을 사귀게 되고 소문도 퍼진다. 영동시장의 한 사장이 포커판에 놀러 갔다가 김 여인의 정보를 입수했다. 귀띔을 해준 사나이는 대졸 출신의 포커판 주인이다. 시장 사람들을 모아 용돈을 얻어 쓰고 있었다. 시장에서 인지도가 높은 한 사장에게 점수를 따는 기회였다.

한 사장은 형제가 많은 막내로 형님들 덕으로 시장에서 자수성가하여 정직하고 사교성이 있었다. 내가 시장 앞 강남회관 지배인으로 있을 때는 교류가 적었으나 부부가 사교춤을 나에게 전수받은 후로 아주 친한 사이가 되었다. 춤의 전문가인데다 바둑도 실력자임을 알고부터 제일 처음 나에게 사범님이라고 불렀다. 20여 년이 흘러가는데도 강남에서 송파로 퍼져 나가 지금까지도 사범님이라고 부르는 사람이 몇 사람 있다.

한 사장은 김 여인과의 첫 대면에서 도와주어야겠다는 결심을 하였다. 여자가 잘 나갈 때는 젊은 나이에도 여사나 사모님 등으로 불리며 남자들로부터 대우를 받는다. 빈털터리가 된 김 여인은 움직이지 못하고 주로 집에 있었다. 한 사장은 바짝 마른 마누라만 상대하다가 풍만한 육체를 가진 김 여인에게 빠져들기 시작했다. 배달하러 가는 길이나 끝나고도 반포 쪽의 김 여인과 같이 있었다. 장사에 지장을 초래했지만 부인은 소문을 듣고도 말 한마디 하지 않았다. 남편의 성실함을 믿어 왔기 때문이다. 나도 호기심이 가득 차서 자연스럽게 합류하면서 새로운 사람들을 접하게 되었다.

한 사장의 작전이 개시되어 새로운 화투방이 탄생했다. 김 여인이 뭉칫돈을 잃기까지 알게 된 각 하우스의 사람들과 한 사장의 시장에서의 관록으로 고스톱꾼이 넘쳐흘렀다. 한 사장은 판을 붙여 고리를 뜯기 위해 계속 타자로 활약했다. 가게일은 뒷전이고 천 원짜리 고스톱을 계속 치다 보니 이래저래 손해만 보고 있었다. IMF 직후여서 다들 어려울 때 열심히 일을 해야 하는데 김 여인을 살리기 위해 희생을 한 것이다.

나는 검단산 아래에서 오리를 키우지 못하고 다시 서울에 왔을 때 구의시장 근처에 방이 딸린 가마솥 통닭 호프집을 얻었는데 큰 실수를 했다. 천호동 쪽 영파여고 근처 시장 골목에서 쌀가게를 인수하려다 간판값을 많이 주라는 요구에 계약을 하려다 취소했다. 그것도 2층으로 집주인을 만나러 가는 순간이었다. 만약 오토바이 면허증이 적성검사를 받지 않아 취소되었는데 경찰서에 가서 적성검사를 받고 다시 면허를 취득할 수 있다는 것을 알았더라면 또 생각이 달라졌을 것이다.

마음이 조급한 나머지 마장동 쪽으로 누구를 찾으러 가는 길목에서 벼룩신문을 보았던 것이 인생의 갈림길이 될 줄이야. 벼룩신문은 인생에 많은 도움이 되지만 한편으로 운명을 갈라놓기도 한다.

구의동 쪽 가게가 너무 싸서 얻었는데 여자가 장사를 할 수 있는 실내 포장마차형 가게여서 담배 연기를 싫어하는 나로서는 며칠 하다가 그만두고 주거용으로 사용하며 시간이 많아 강남 쪽으로 놀러 다녔던 것이다. 차라리 전공 과목인 춤을 추러 다녔더라면 좋았을지 모른다. 화투를 안 하면서도 틈만 나면 한 사장의 하우스에 놀러 다녔다.

나는 말죽거리에서 장사를 하며 춤을 배웠던 뚱순이가 영동시장 근처에서 식당을 하고 있어서 찾아갔다. 갑자기 건설 경기가 안 좋아서 카드를 막아야 한다고 하며 이백만 원에 월 15

만 원의 이자를 준다고 하며 돈을 빌려 달라고 했다. 졸지에 돈놀이꾼이 되어 여기저기서 돈을 빌려 달라고 했다. 나는 춤의 세계가 아닌 도박의 세계에서 많은 경험을 하고 다시 송파구로 오게 되어서 뚱순이 식당과 한 사장 하우스에서 원금을 받아 가지고 오면서 시골 고향 사람을 한 사장에게 소개시켜 주었다.

그런데 묘한 사건이 터졌다. 김 여인이 비상용으로 얻어 논 방을 경마를 잘한다는 남자에게 임시로 빌려 주었는데 보증금까지 까먹고 사라진 것이다. 김 여인도 사채를 쓰고 하우스도 자주 신고를 당하고 완전히 사면초가를 당하여 내가 소개해 주었던 고향 사람은 피해를 보고 말았다. 이 소문이 서울에 살고 있는 사람들에게 퍼져 내가 계획적으로 끌어들인 꼴이 되고 말았다. 김 여인의 하우스는 난장판이 되어 갔다. 옛날 신사동에서 사기 도박으로 김 여인의 돈을 송두리째 뺏어먹은 패거리들도 자주 왕래하였다.

도박은 도박의 꼬리를 문다. 다시 도박을 해서 옛날 잃었던 돈을 찾는다는 것은 어려운 일이다. 김 여인 자신이 화투를 멀리하고 관리를 잘해야 하는데 화투 치는 것에 중독이 되어 끼어들었기에 누구를 원망할 수도 없다.

나는 한 사장이 더 이상 수단을 발휘하지 못하는 것을 눈치채고 커플이 잘 되길 바라면서 제안을 한 적이 있다. 내가 있는 구의시장 가게에서 장사를 하면서 새 손님을 사귀고 영동시장

쪽에서는 매너 좋은 사람만 몇 사람 놀러 오게 하면 서로 좋을 것이라고 했다. 그러나 김 여인은 자신이 우선 노는 것이 즐거웠던지 거부했다.

　나는 쌀가게를 계약을 해야 했고 나의 실수로 얻은 구의동 가게에 김 여인이 왔더라면 전화위복이 될 뻔했는데 나중에 이 사범님의 말을 듣지 않았던 것을 후회했다는 소리를 듣고 서글펐다. 큰딸은 벌써 커서 밖으로 돌고 둘째 딸은 남의 집에 양녀 노릇을 시키는 꼴이 되었으며 당분간 한 사장과도 헤어져야 하는 운명에 놓이고 말았다.

　사채업자는 계속 김 여인을 몰고 다니며 방을 얻어 주고 돈을 챙기는 수법을 썼다. 한 사장은 도박판에서 배짱이 커졌던지 무리하게 돈을 빌려 가게를 키우더니 덩달아 실수를 연발하고 월세방 신세에 장모를 보기 민망하여 집에 들어오지 못하는 처지에 놓였다. 더욱 딱한 것은 경마도 제대로 배팅을 못하고 돈 있는 할망구들을 따라다니며 소스를 주며 용돈을 얻어 쓰고 다니는 것이다.

　경마, 경륜, 경정 중에서 가장 여성 팬이 많은 것은 경마다. 정부에서 시행하는 합법적 도박이라는 유혹의 손길이 발길을 부추긴다.

　경마에서 도박의 가장 기본적인 원리를 터득할 수 있다. 온라인 도박 사이트에서 게임을 계속할수록 수수료를 떼어 내어 시간이 흐를수록 잔금이 줄어들듯이 경마도 화상 경마장인

TV 경마를 많이 설치하여 적은 비용으로 자주 배팅을 할 수 있게 하여 결과적으로 돈을 따는 곳은 운영자인 국가가 되는 것이다.

경마도 처음에는 왕의 스포츠라고 할 정도로 귀족들 간의 게임이었다. 12세기의 영국은 경마의 엘리트적 성격을 계승하여 17세기까지 귀족들의 축제였다. 말도 자신이 직접 키우고 훈련시켜서 옛 로마 기병들의 말에 결코 뒤떨어지지 않는다는 자부심을 갖기에 충분했다. 18세기에 이르러 대중 관람 스포츠로 되는 계기가 되었다. 1750년 런던의 한 신문기자가 경마의 광고와 경기 결과를 신문에 게재한 후로 광범위한 대중 게임으로 전개되기 시작했다.

한국의 경마는 1923년 일제가 식민지 우민화 정책의 하나로 들여와 시행했다. 국제 분류 표준위원회가 1981년 설립되어 경마를 시행하고 있는 전 세계 120여 개국 국가를 파트별로 평가하고 있다. 각 나라에서 누가 더 질 좋은 경주마를 생산, 소유하는가의 경쟁이 펼쳐지고 있다. 한국은 1993년부터 개인 마주제가 시행되면서 많은 변화와 발전을 모색했지만 현재까지 선진 경마국과 비교할 때 개선해야 할 점이 많다.

경마산업은 경주마를 생산하고 육성하는 1차 산업, 경마장과 목장 건설 등 각종 시설 설치의 2차 산업, 마권 판매 위주의 3차 산업, 각종 정보를 취급하는 4차 산업의 완벽한 조화를 이뤄야 하는 특징이 있다. 단계별 산업의 과정에서 각종 부가가치가 다양하게 창출되고 있다. 즉 1차~4차 산업의 단계별 또는 해당 산업 내부에서도 치열한 경쟁을 통한 부가가치가 생성되는 것이다.

그러나 우리의 경마 산업은 마권 발매 위주의 3차 산업이 비대하게 발전해 와서 경마 산업 전체의 발전이 위축되고 있으며 국민들에게는 부정적 편견에 갇히게 하는 요인으로 작용하고 있다. 경마장에 간다고 하는 말 대신 말 밥 주러 간다는 말도 있다. 돈을 따는 사람보다도 잃는 사람이 많다는 것을 서로 인정하므로 손해를 보고 와도 서로 부담을 느끼지 않기 위한 화술이다.

일반인들이 부담없이 갈 수 있는 합법적 도박장은 직접 경기를 하는 본장이 있고 TV로 직접 중계하는 화상 경마장(장외 발매소)이 있다. 경마는 과천 경마공원에 본점이 있고 지방에도 경마장이 몇 군데 신설되었다. 경륜은 올림픽공원에 경정은 미사리에 본점이 있다.

각 처에서 장외 발매장의 TV 화면을 보고 배팅을 한다. 장외 발매소의 본래 취지는 가까운 곳에 있는 사람들이 여가를 이용해서 배팅을 하고 바로 떠나서 본래의 직업에 종사하라는 의도였다. 시간적으로 멀리 있는 본관에 갈 수도 없고 직업상 하루 종일 얽매일 수가 없는 것을 감안한 것이다. 은행으로 보면 각 지점 형식이다.

그 건물에서 사무실을 쓰고 있는 사람들은 경마가 있는 날에는 피해를 보지만 주위 상가는 매상에 크게 도움이 되어 가치가 있다. 장외 발매소는 매회마다 마감 시간이 다가오면 사람이 몰려서 마권 사기가 어려울 뿐더러 흡연실에서 담배 연기가 흘러나와 공기가 아주 좋지 않다. 본장은 각종 이벤트가 있어서 경마를 하지 않고 공원에 놀러 가는 기분으로 입장하는 사람도 많다.

경마는 자기 마음가짐에 따라 레저스포츠로 즐길 수 있고 도박도 될 수 있다. 어린애를 데리고 온 주부들이 눈에 띄고 남녀 젊은이들도 소액 배팅을 하며 여가를 즐긴다.

경마를 좋아하는 사람의 나이는 활동성이 강한 4~50대가 주류를 이루며 6~70대 노인과 여성도 상당한 비중을 차지한다. 다른 경기나 게임은 오래 하면 실력이 늘고 관록이 붙어서 고수의 덕을 볼 수 있는데 경마는 크게 이익을 보지 못하는 것이 유감이다. 추리력과 결단력에 의해 좌우되지만 초보자들이 단순하게 생각하여 맞추어서 뜻하지 않은 돈을 횡재하면 마음을 현혹시킨다. 어떤 경주에 승부를 걸어 틀렸을 때 마음의 동요를 일으키면 스트레스가 쌓여 건강에 악영향을 미친다. 욕심을 버리고 마음 다짐을 하여 여유있게 다시 시작해야 한다.

전광판에 나온 결과의 답은 여러 가지(단승식, 복승식, 연승식, 쌍승식, 복연승식)이다. 마권을 사기 전에 한번쯤 생각해 보았던 것들이다. 자신이 망설이며 배팅만 안했을 뿐 이미 답은 알고 있었다. 학교에서 수십 년간 공부할 때는 정답이 하나

였는데 경마에서는 답이 여러 가지로 나오니 신기하다. 언제라도 맞추어 낼 수 있다는 자신감을 갖게 해 준다. 한국인의 심리가 분위기에 맞아떨어져 도박의 함정에 빠지는 순간이다.

경마는 항상 자신감을 갖게 하여 자신의 손바닥에 놓여 있다고 생각한다. 시간과 돈만 있으면 주말에 갈 수 있어서 손실을 보아도 잃은 돈을 맡겨 두었다고 생각한다. 경마의 매력임과 동시에 패가망신할 수 있는 지름길이다. 경주마가 발주기를 출발하여 결승선을 통과할 때까지는 아무도 장담할 수 없다. 우수마의 기수가 낙마하기도 하고 말끼리 추돌하여 순위가 바뀌기도 한다. 결승선이 가까워질수록 긴장감이 감돈다. 자신이 추리했던 말이 선두그룹에서 안 보이면 마음이 초조해지다가 다시 추입을 하여 안정권에 들어서면 다시 평온을 되찾는다. 하루 종일 매 경주마다 불안한 마음이 생기면 신체에 미치는 영향이 클 수밖에 없다. 그래서 미운 사람이 있으면 경마장에 데리고 간다는 말이 생겼을 것이다.

나는 여자들에게 가끔 하는 말이 있다. 토, 일요일날 11시에서 오후 2시 정도까지 마주치는 남자들은 기본 점수를 50점 정도 주어도 된다고 했다. 그 남자가 그 시간 이후 경마장을 안 간다는 보장은 없지만 자기 할 일을 다하고 남은 시간을 혹시라도 이용한다면 경마에 중독되지 않은 것이다. 그렇지만 사람의 마음은 알다가도 모를 일이다.

화상 경마장은 시내의 곳곳에 있고 입장료를 받지 않고 본장은 돈을 받는다. 본장도 끝나는 시간의 몇 경주를 남겨 놓고 출입구를 개방한다. 그 시간에도 물밀듯이 경마장을 향해 오는 사람이 많다. 도박을 열 게임을 하나 한 게임을 하나 돈의 액수에 관계가 있다. 한두 게임에 승부를 하려고 오는 승부사들인 줄 모른다. 그 시간에 많은 돈을 잃고 경마장을 떠나는 사람도 엄청나게 몰려나간다. 일부분의 숫자가 한두 게임을 남긴 채 임무 교대가 이루어지고 있는 것이다.

  경마장에 우연히 따라갔다가 기초 지식도 없이 호기심으로 배팅을 하거나 남을 따라 시키는 대로 하다가 거금을 따기도 한다. 자신이 직접 배팅을 해 보고 어느 정도 윤곽을 파악했을 때는 경제적 손실을 입기 십상이다.

  경마에 대해서 기초 이론을 시원스럽게 설명해 주는 사람도 책도 없다. 입구마다 예상지를 판매하는 사람들이 많이 있지만 믿을 수도 없다. 몇 년 동안 부부가 따로 경마를 하면서도 모를 정도로 경마가 끝나면 입을 다문다. 대개 경마를 하지도 않는 사람들이 말을 지어낸다. 남이 돈을 따는 것을 보면 질투심도 느낀다. 어쩌다 한번씩 고배당을 맞추어서 돈을 찾고 있으면 그 사람이 경마 도사인 양 착각을 일으킨다.

  김 여인이 방을 빌려 주었던 사람도 시골에서 올라와 떠돌아다니며 주로 고배당을 노린 사람이다. 고배당은 적은 돈으로 여자들이 노린다. 언제 터질 줄 모르기에 평범하게 배팅을 하면서 기회를 보아야지 큰 것만 노린다는 것도 밸런스가 맞지 않는다.

 초보자가 어떤 기술이나 골프, 바둑을 배우는 데는 많은 시간과 상당한 돈을 투자해야 한다. 경마를 처음 시작한 사람들은 돈을 잃었다는 데만 집착하여 그 돈을 억지로라도 찾으려고 애를 쓴다. 자연히 어깨에 힘이 들어가 더 큰 돈을 잃고 만다. 직장인이 자기 업무를 소홀히 하며 주식에 신경을 쓰듯 경마에 너무 집착하여 돈을 많이 가지고 가거나 몇 번 실수했을 경우 자중하지 못하고 현금지급기에서 돈을 찾느라고 줄을 서 있다. 분수에 맞는 돈을 가지고 가서 시간적 배분을 하여 하루 잘 놀고 오면 그것으로 만족을 느껴야 한다. 그 돈이란 어디에 가서나 소비할 수 있는 돈이다. 그날 컨디션이 좋으면 돈 안 들이고 공짜로 놀다 올 수도 있다. 고스톱판에서도 똑같이 적용된다.

 가장 위험한 것이 소스 경마다. 마권 구매 마감 시간이 다가오면 사람들의 마음이 초조해진다. 이것도 답이 되고 저것도 답이 되는 것 같아서 시험지 답안지를 커닝하는 심정이 된다. 자신감을 잃고 자기가 썼던 마권을 지우고 남의 말에 의존하는 상태에 이른다. 경마를 오래 했던 사람들은 자기 나름대로 레이스의 흐름을 파악하고 배당표 움직임을 마지막까지 확인하는 여유가 있다. 마감 30초라는 방송이 들리면 초보자들은 더욱 혼선을 일으킨다. 전광판에 답이 나와 있는데도 눈치 작전하다가 마권을 못 사는 경우도 있다. 마권을 사려는 사람들이 한꺼번에 몰려들어서 순서를 기다리지만 몇 초가 아쉬운 시간이 되고 만다. 그런저런 일로 자연스럽게 남에게 의존하는 마음이 생긴다.

경마는 전문가가 다양하게 많다. 경마 예상지마다 구간별 경주마다 전문가가 해설을 맡고 있다. 성적이 좋으면 그만큼 예상지가 많이 팔려서 수입을 얻을 수 있을 것이다. ARS전화 전문가도 판을 친다. KTV 경마 방송 해설자나 스포츠신문 기자도 전문가 행세를 한다. 경마 팬들에게 이름을 드러내지 않고 전문가 행세를 하는 사람도 많다. 전문가를 알거나 마방과 연관성이 있는 사람을 알아서 전화로 수시로 통화를 하며 어쩌다 고배당을 맞추어 주위 사람의 관심을 끈다.

초보자들은 당연히 입맛이 당겨 친해 보려고 노력한다. 주로 혼전으로 배당률이 높은 것을 가르쳐 주며 맞을 경우 용돈을 챙긴다. 장거리 경주에서 이변이 발생하는데 훈련 과정이나 몸무게, 기수와의 호흡 관계 등을 보면 의외로 복병을 찾는 경우가 가끔 있다. 어떤 전문가는 경기장에 모래가 얼마나 쌓였는가를 따져 본다. 바람의 방향, 속도, 암컷, 수컷, 외국산 마와 국산 마의 적응력까지 세밀하게 분석한다.

경마를 오랫동안 해온 베테랑급들은 복잡한 경주에 크게 신경을 쓰지 않는다. 단방인 복승식에 한두 번 승부를 건다. 혼전일 경우는 추리하는데 시간이 걸리고 많은 돈을 투자하기 어렵다. 단순한 경주에 많은 돈을 배팅하기 위하여 미리 사람을 시켜서 마권을 사기 시작한다. 마권 상한제로 10만 원어치 (경륜 5만) 이상 살 수 없으므로 미리 사지 않으면 수십만 원어치 마권을 살 수 없다. 상한제가 없으면 당연히 마사회가 불리하다. 배당표의 흐름을 보고 막판에 많은 돈을 배팅하거나 소스를 받아 정답을 맞출 수 있기 때문이다.

복승식 단방을 댓길 경주라고 한다. 말들의 실력이 차이가 나서 두 마리가 거의 동반 입상할 확률이 높다. 그만큼 배팅을 많이 해서 마감 시간까지 배당이 계속 떨어진다. 큰 돈을 가지고 이런 경주만 노리는 사람들에게 '오대'라고 부른다. 예전에는 돈가방을 들고 따라다니는 사채업자 아주머니들이 있었다.

돈이 한쪽으로 쏠리는 것을 방지하기 위하여 전광판에 준댓길 형태의 반짝이를 켠다. 댓길보다 조금 높은 배당이어서 혼돈을 준다. 배당이 많이 떨어진다는 것은 그만큼 여러 사람이 배팅을 하고 있다는 증거다. 많은 경마 팬이 배당표의 움직임에 따라다닌다는 것을 역이용한 함정이 도사리고 있다. 며칠 전부터 전문가나 마방 관계자, 스포츠 기자를 통해서 헛소문을 낸다. 훈련을 잘 시켜서 우승마로 유망하다는 등 여러 가지 편법을 쓴다. 보통 1.9배에서 1.7배까지 떨어지면 댓길일 때가 많은데 1.5배까지 떨어뜨리는 경우도 있다. 확실한 줄 알고 경륜이나 경정을 하는 팬들까지 합세한 것이다. 소문을 낸 패거리들은 댓길 경주를 좋아하는 사람들을 이용해 많은 돈을 챙긴다. 복승식보다도 단식, 연승식, 쌍승식 등으로 분산 배팅하여 부부 동반 동남아 여행을 다녀오기도 한다.

경륜은 축마가 잘 빠지지 않아서 세 마리를 동시에 맞추는 삼복승이 있다. 경마에서도 2009년 4월에 첫 도입돼 대상경주와 특별경주를 대상으로 시범 운영돼 왔으나 경마 팬의 호응도가 높고 경마 건전화에도 큰 도움을 준다는 판단에 따라 마사회가 2010년부터 전 경주로 확대 실시하기로 했다. 삼복승식은 1, 2, 3착으로 결승선에 도착한 말을 순서에 관계없이 맞추는 승식으로 3두를 한꺼번에 맞춰야 하기 때문에 적중 확률이 낮다. 경마는 축마가 확실치 않아서 축마가 확실한 저배당 경주에서 삼복승식 배팅이 유리할 수 있다. 만약 혼전경기에서 축마를 찾을 수 있다면 삼복승에서 대박을 터뜨릴 가능성이 열려 있다. 여기저기 숨어 있는 복병들과 3F(마지막 600m 주파기록)의 기록이 좋은 추입마가 관심의 대상이다. 기수와 호흡이 좋아 인코스에 배정받은 선행마와 특정 마방의 마필에 우수 여자 기수를 기승시키는 것은 3등 안에 들어올 확률이 높다.

한 사장은 전문가도 아니고 누구에게 소스를 받지 않고도 전광판의 흐름을 보고 막 들어가자마자 30배 짜리를 맞출 정도의 실력파다. 전문가 의견보다도 말의 훈련 상태를 많이 점검한다. 3F의 속도와 복병마를 주의 깊게 관찰한다.

경마를 아무리 잘 안다고 해도 승군경기에서 일부러 우승을 하지 않으려는 작전이 있거나 아주 우수마나 아주 똥말들은 경기에 내보내면 변수가 많아서 맞추기가 힘들다.

사람들이 하는 말에 경마를 그렇게 잘하면 빌딩을 왜 못 올리냐고 묻는다. 몇 년 후에 만나 보면 남의 꽁무니나 따라다니는 초라한 모습을 보인다.

 한 사장은 김 여인과 잠시 떨어져 있는 사이 어떤 할머니들의 스폰서 역할을 하는 듯했다. 여자들도 경마에 한번 빠지면 끝까지 가는 것이다.

복어 여자

횡단보도나 지하철에서 지나치게 애정 표현을 하고 있는 여성들이 눈에 띈다. 나는 젊은이들의 스킨십에 대해서 남녀 40, 50, 60대까지 의견을 들어 보았다. 남성들은 어쩔 수 없는 사회 형태라고 하며 거의 긍정적인 반면에 여성들은 강력 부정이었다.

군대에 아들을 보낸 40대 후반의 여성은 옆집 여자의 예를 들며 따끔하게 교육시킨 적이 있다고 했다. 또래의 여성들에게도 질문을 던져 보았다. 자신은 아무도 보지 않는 곳에서 한다고 정확히 대답했다.

남성들은 대체적으로 자신 있게 답변하지 않았다. 처음에는 좋지 않게 보았다가 나중에 인정했다고 했다. 여성은 기쁨과 불쾌감을 표시하는 감정을 남성보다 확실하고 능숙하게 표현

하고 있다. 지나간 일을 생각할 때도 사실보다도 감정을 먼저 표출하고 과거의 감정을 바탕으로 공격과 방어를 확실하게 하는 것이다.

　도매시장에서 식당을 운영하는 50대의 옥숙이에게 똑같은 질문을 했다. 처음부터 부정적으로 말하면서 평소에 아주 기분 나쁘게 생각하고 있었다고 했다. 약간 허스키한 목소리가 독을 품고 있는 듯한 느낌이 들었다. 자신이 기억하고 있는 감정을 바탕으로 말을 쏟아내기 때문에 갑자기 극단적인 감정을 보인다. 옥숙이는 독성이 강한 여자다. 종업원들이 전화를 잘못 받거나 가게에 손해를 끼치는 일을 하면 특유의 중성적인 목소리로 소리를 질러댄다. 신경이 예민한 손님은 이 목소리에 질려서 다시는 이 식당에 오지 않을까 걱정될 정도이다.

　항상 자신에게만 충실하려고 하는 악녀와는 판이하게 다른 면도 있다. 자기를 찾는 손님들에게 서비스를 잘해 보려고 노력한다. 옥숙이를 독하게 만든 사람들은 시장에서 식사를 하는 사장, 조합원, 중매인 등이다. 상인들은 매일 고기를 가지고 와서 술을 마시며 쌍소리를 늘어놓는다. 옥숙이는 손님들 사이에 끼어서 술을 거들며 오랜 단골손님 관리를 철저히 해왔다. 매상을 올려주는 새 손님이 오면 딸 하나를 데리고 있으며 혼자라는 것을 귀띔해 둔다. 가게를 시작한 몇 년 동안은 옥숙이를 짝사랑하는 남성들이 늘어나고 서로 감시하는 현상이 벌어질 정도였다.

세월이 흘러 시장 근처에 비슷한 형태의 도매상이 생기고 대형마트도 생겨 새벽 도매시장이 끝난 이후에는 시장 전체가 한산하고 소매 손님도 많이 줄었다. 옥숙이는 요사이도 근처 식당 업주 중에서 가장 미모의 여인인 줄 착각하고 있다. 상가 조합원(번영회) 노인들의 위로의 말을 진실로 받아들인 것이다.

 옥숙이는 시장에서 10여 년의 세월을 보내고 나니 온몸이 산성 덩어리로 변해 있었다. 아무리 찜질방을 다녀도 온몸의 피부색은 진갈색이다. 장사가 안되기 시작하자 종업원 두 몫을 하느라고 어깨와 등에 이상이 생겼다. 술을 많이 마신 탓인지 뱃살이 따로 형성되어 있었다. 유방과 뱃살, 복부 세 곳이 비슷한 크기의 봉우리를 만들어 도토리나 상수리를 연상케 했다. 나에게 가끔 어깨를 주물러 달라고 부탁을 했다. 나는 옥숙이가 술을 마시는 날을 골라서 안마를 해주며 콜레스테롤 덩어리를 만지작거리는 나의 모습이 처량하게 느껴진다. 옥숙이의 사고방식이 자곡동에서 농사를 짓는 할머니들만도 못한 것이다.

 신문은커녕 TV 9시 뉴스도 보지 않고 연속극을 보며 라디오도 온종일 노래 테이프를 틀어놓고 전문가들의 생방송 인터뷰를 들어본 적이 없기 때문이다. 요즈음은 옆 가게 중국 여자 삐끼를 뺏어 오다시피 하여 밤에 회 손님을 받느라고 늦게 끝난다. 빌린 돈을 조금이라도 갚으려고 하지만 저녁 일꾼들 일당을 주고나면 남는 게 없다. 자신도 대열에 끼어서 저녁 장사를 하고 있다는 데에서 마음의 안정을 찾는다. 장사를 하다가 급한 물건이 필요하면 나에게 전화를 한다. 내가 시장에서 가까운 곳에서 살고 있으며 돈거래도 몇 군데 연결시켜 주고 있어서 인연이 끊어지지 않고 있다. 온종일 서서 배달용 반찬을 준비하고 밤 시간까지 서빙을 하느라고 오른쪽 어깨의 피가 여기저기 뭉쳐 있었다.

내가 산에 있을 때 벌침을 놔 주었던 여자가 허브 다이어트를 개업하여 한번 가서 원인을 알아보라고 해도 가지 않았다. 어깨를 덮는 삼각근육 덮개가 지렛대 역할을 잘하지 못하고 근육이 부분 파열되어 회전근육 파열증세가 생긴 것이다. 야간 영업이 끝나고 TV를 보는 시간에 30분~1시간 정도라도 의자에 앉는 습관을 기르라고 권유했으나 따르지 않았다. 나는 더 이상 팔을 움직이는 스트레칭법을 가르쳐 주지 않았다. 내가 옥숙이를 알게 된 지 10년이 지났지만 한번도 이쁘게 생겼다는 생각을 하지 않았다. 옥숙이 앞에서 못생겼다는 소리도 여러 번 했으나 목 뒤의 두상만은 나의 이상형이라고 했다. 자신도 알고 있었다. 옥숙이 아버지도 이쁘지는 않으나 부분별로 조목조목 잘생겼다고 했던 것이다.

내가 처음 상가 도시가스 점검을 나갔을 때 옥숙이의 첫인상은 개성이 뚜렷하지 않았다. 근래에 가까워진 것은 석유 때문이었다. 작년 겨울 석유가 떨어질 때마다 나에게 전화를 하여 부탁을 했다. 시장에서 가깝게 살고 부담없는 사람은 나뿐이라는 것이다. 심부름 값으로 2천 원을 떼어서 로또 복권을 사서 천 원어치씩 나누어 가졌다. 내가 재작년에 국민은행에서 가져 온 숫자판 로또 기구를 흔들어 1등 번호와 비슷한 번호 6개가 나왔다. 번호가 1, 4, 7, 9, 11이 확실하고 마지막이 38인가 39같은 번호였다. 마감 시간도 얼마 안 남았고 번호도 10번 안의 숫자가 많아서 관심 없이 보냈던 것이 1등 번호일 줄이야 상상도 못했던 것이다. 옥숙이에게 천 원어치라도 사서 희망을 가지라고 했던 것이 호감을 산 것이다.

옥숙이는 종업원 남자에게 미리 석유를 준비하지 않고 나에게 부탁을 했다. 나는 식당에서 필요한 사람이 되기 시작했다. 나는 어렸을 때 아주 독한 의붓할머니에게 길들여진 것에 영향을 받아서인지 독성이 강한 옥숙이에게 길들여지고 있는 느낌이 들었다. 나는 중학교 때 할머니가 사사건건 구박을 하자 내가 박정희, 김일성 다음으로 세 번째가 될 사람인데 심하게 구박을 한다고 대꾸한 적이 있었다.

나는 몇 년 전 옥숙이에게 이백만 원을 빌려 주고 월 이십만 원의 이자를 받기로 했다. 1년 정도 되어 불안한 마음이 생겼다. 손님들과 술 마시는 장면을 자주 목격했던 것이다. 어떤 사건이 터질 것 같아 돈을 받아내고 사채업자를 소개해 주었다. 옥숙이는 삼백만 원의 이자 삼십만 원을 내며 2년 동안 약속을 잘 지키고 있었다. 사채업을 하는 사람들은 백만 원을 빌려 주어도 월 이자는 취급하지 않고 일수로 돈을 돌린다. 강남에서부터 안면이 있어서 부탁을 들어준 것이다. 식당이란 안정감도 있고 직원들이 근처로 자주 수금을 나가기 때문에 덤 정도로 생각한 것이다.

요즈음은 초저녁에 조금씩 도와주고 있어서 아무 때나 가서 밥을 먹을 수 있지만 예전에는 점심을 먹으러 가면 남보다 이천 원 정도 덜 받았다. 나는 오다가다 자판기 커피를 마시러 갈 때마다 일수쟁이들이 몇 사람 다니면서 수금하는 것을 목격했다. 장사가 안되어 보통 쪼들리는 것이 아니었다. 내가 아는 여자가 잘못 되어 가고 있다는 현실에 자존심도 상했다.

시장 관리소에서 관리비를 받아가며 외부 식당 배달을 막아주지 않아 더 어렵다는 것이다. 시장 초기에 종업원을 10여 명 정도나 거느리고 욕설을 퍼부었던 옥숙이의 얼굴이 떠올랐다. 요사이는 기가 빠져 근성은 그대로 남아 있지만 독기는 많이 빠져나간 것 같았다. 나는 안타까운 마음이 들면서 스치는 기분이 씁쓸했다.

사채업자들이 나에게 잘하여서 택시기사들까지 소개해 주었는데 지난 명절에는 선물도 없었다. 나는 괘씸죄를 적용해 응징하기로 마음먹었다.

옥숙이에게 더 싼 이자로 돈을 빌려 준다고 하였다. 일부 돈을 갚고 나머지는 이자를 주지 말고 미루다가 재촉하면 나에게 알아보라고 하며 시켰다.

도시가스 소장 출신 짠돌이를 설득시켜 30% 정도 싸게 돈을 빌려 주었다. 1년 이상 이자를 주지 않는 동안 공갈 협박을 하였으나 악덕 사채업자 같은 행동은 하지 않았다. 손님들이 있는 상태에서 욕지거리를 하고 가고 가끔 전화가 왔다고 했다. 옥숙이는 나에게 미루고 있으면서도 형편이 되면 곧 갚겠다고 했다. 사채업자들은 이런 일을 방지하기 위하여 여러 곳을 거래하며 매일 수금을 하는 것이다.

어느 시점에 이르자 양쪽에서 해결사가 필요하다는 것을 느끼고 있었다. 나는 연말이 되자 용돈도 필요하고 더 이상 끌고 나가는 것은 나에게 이로울 것이 없다고 생각했다. 사채업자에게는 식당이 잘 안되어 자살을 하든지 문을 닫고 절로 들어갈 생각을 하고 있다고 했다. 옥숙이에게는 패거리들 중 한 사람이 사고를 잘 치는데 다른 데서 사건이 생길 경우 돈을 잘 안 주는 악덕 채무자를 잡아다가 땅에 묻고 교도소에 들어가 버린다고 했다. 서로 나에게 관심을 표명했다. 나 때문에 서로 알게 되어 거래를 하게 되었으니 나에게도 책임이 있다고 하며 적극성을 보였더니 호응을 했다. 사채업자들은 여유가 있고 지난번까지 이자를 많이 챙겼으니 나머지 돈의 이자는 포기하도록 하고 옥숙이에게는 연말까지의 돈을 준비하라고 했다. 나는 사건을 해결해 주고 나서 기분이 좋아졌다. 그리고 옥숙이에게는 결단력 있는 사람으로 인식되었다.

어떤 아쉬운 일만 생기면 제일 먼저 나에게 전화를 했다. 볼품 없는 몸매지만 50대의 구릿빛 얼굴이 밉상으로 보이지 않앉다. 나는 옥숙이에게 얼굴에 아직도 독이 남아 있는데 독이 다 빠져나가면 늙어서 친구가 될 수도 있다고 했다. 나이가 8살 정도 차이가 나서 현재까지 반말을 하다가 완전히 말을 놓고 여동생이나 얻은 듯 기세를 올렸다. 옥숙이는 이 사범님이라고 부른다. 옛날 문정기원 팀과 수서이발소 안 사장이 사범이라고 하니 따라서 부르기 시작했는데 무슨 사연이 있는지는 모른다. 시장에서 오래전부터 춤 배운 사람이 많아서 춤 선생이라고 부르는 사람도 있다.

어떤 사람은 예전에는 옥숙이의 애인이었고 지금은 택시기사가 애인이라고 한다. 식당에서 밥을 먹는 사람들은 배달부 아저씨가 옥숙이와 가까운 사람이라고도 한다. 남자들은 혼자 사는 여자에게 관심이 많다. 자신이 짝사랑하고 또는 미련을 가지고 다니다가 어떤 남자와 소문이 나면 괜히 불쾌하게 생각하고 발을 끊고 다른 식당으로 가 버린다.

저녁에 회를 먹으러 온 사람도 내가 서빙을 하고 왔다 갔다 하면 옥숙이 서방인 줄 알고 누구냐고 묻는다. 옥숙이는 나에게 교육 받은 데로 작가님인데 이 근처에 사셔서 가끔 아르바이트를 나오신다고 했다. 손님들은 점잖게 생겼다느니, 성깔이 있겠다느니 잡담을 하며 술을 마신다.

옥숙이는 손님들과 대화를 많이 했지만 남녀 관계에 대해서 민감할 뿐 지식이나 철학 문학적 소양이 부족하다. 나는 문학평론가들의 실력이 대단하다고 이야기해 주었다. 가끔 건강과 종업원 이동 문제에 대해서도 조언을 해주었다. 장사를 할 땐 남편이 있든 없든 무조건 집에 있는 걸로 손님에게 인식시키라고 했다. 술집도 아닌데 음식만 잘해 주면 되는데 손님들에게 잡념을 갖도록 하면 언젠가 떨어질 수 있다고 했다. 식당에 온 모든 남자들을 감싸안아 주기가 어려울 텐데 왜 혼자 산다고 했느냐고 질책을 한 것이다. 그것도 젊고 장사가 잘 될 때에는 은폐가 되지만 장사가 안되고 일수나 쓰고 있다고 소문나면 손님이 더 떨어진다고 했다. 옥숙이도 내 말에 시인했다. 차라리 영동시장의 쨱쨱이 같이 모든 손님을 애인이라고 선포해 버리라고 했다.

옥숙이는 머리가 좋고 자신이 똑똑한 여자라고 생각하고 있다. 매우 어려운 시점에서 내가 도와주었지만 부탁을 해서 도움을 받았다고만 생각한다. 신문, 잡지, TV 뉴스 시사 문제 라디오 인터뷰 등 새로운 정보를 전혀 습득하지 못해 자신이 사회 생활에서 뒤떨어지고 있다는 것도 모른다.

그러나 내가 무슨 이야기를 해주면 도움이 된다고 생각되었을 때 메모를 하기도 했다. 남자 손님들에게 써먹으려고 하는지 일본 고교 야구팀이 1,163팀이라고 하자 그것도 메모를 했다. 또 멕시코 신종 바이러스에 대해서 설명해 주었다. 지구에는 각종 바이러스가 많은데 인간과 바이러스 중 누가 지구의 주인인가를 따지고 있다고 했다.

인간은 자기 꾀에 자주 속는다. 언젠가 바이러스에 의해 무너지고 만다. 나는 인간보다도 바이러스 편이다라고 말해도 무표정이었다. 평소에 인간 교육 실패로 세상의 질서가 너무 엉망이어서 판을 다시 짜야 한다는 소리를 자주 했기 때문이다.

 과학자들이 지구 온난화에 대해서 말실수를 하고 확실한 대안을 제시하지 못하고 있다. 이산화탄소 때문에 빙하가 녹아 세계가 풍차라도 타야 할 것처럼 지적해 왔다. 비행기나 배보다도 눈에 보이는 자동차에만 관심을 같고 사람이 먹어야 할 옥수수 등으로 바이오 연료를 만드는 것이다. 닭이나 소, 돼지에게 줄 사료가 부족하여 신선한 것을 먹이지 못하고 쓰레기 같은 잡것을 먹는 횟수가 늘어났다. 바이러스는 자연스럽게 힘을 쓰게 되어 모든 동물들을 위협한다. 식물이 탄소동화작용을 하듯이 지구의 땅도 순환작용을 해야 수명이 길어질 수 있다. 그러나 부수고 세우고 온통 시멘트로 대벽을 하여 지구의 땅이 잠식되어 가고 있다. 그것이 바로 지구온난화의 주범이다.

 서울시도 개발의 가치 아래 한몫을 해왔다. 기후 변화의 심각성을 경고하는 모래시계 조형물이 서울 시청 앞 광장에 설치됐다. 지구 온난화 문제로 물에 잠긴 도시를 보여 주며 기후 변화에 대처할 시간이 얼마 남지 않았다는 사실을 일깨워 주겠다는 취지이다. 제3차 서울 40 세계도시기후 정상회의를 맞아 한 달 정도 설치한 것이다. 이 광경을 보고 울어야 할지 웃어야 할지 기가 막힌다고 옥숙이에게 이야기했다.

옥숙이는 내가 지배인 출신인 줄 모른다. 사람들 앞에서 못생겼다고 했기 때문에 내가 언젠가 자신을 지배할 줄은 생각 못한다. 대형 나이트클럽이나 카바레 지배인을 하려면 밤의 제국을 다스리는 통치력이 있어야 한다. 여기저기 사고가 터질 위험이 도사리고 밴드도 A밴드와 B밴드가 있어서 B밴드는 매상을 올리기 위한 음악이 나온다. 멤버가 거느리는 아가씨들만 해도 50명이 넘는다. 웨이터도 보조가 있어서 숫자가 많다. 인기 가수들이 출연하면 하나의 행사장을 방불케 한다. 지배인은 경호뿐만 아니라 화재에도 신경을 써야 한다.

춤 선생들은 여자와 1~2분만 손을 잡아 보면 그 여자의 모든 것을 파악할 수 있다. 옥숙이와 춤을 추었을 때 피부에 탄력이 없었다. 술을 많이 마시면 콜레스테롤이 몸의 아래쪽 한쪽에 몰려 몸의 균형이 깨진다.

나는 바둑 채널이 나오는 K-TV를 철수시킨 지 3년이 지났는데도 전기세에 시청료를 내면서 주로 라디오를 듣는다. 마음이 안정되면 또 TV를 볼지도 모른다. 옥숙이네 식당에 가서 TV를 보면 신기하다. 한때 '꽃보다 남자' 라는 연속극에 주부들이 관심이 있다고 해서 옥숙이에게 물어보았다. 자신은 그런 연속극은 재미도 없고 거기에 출연하는 애들에게도 관심이 없다고 했다. 식당 영업을 오랫동안 하면서 남자들을 많이 상대하다 보니 사람 보는 눈이 가정 주부들과는 차원이 달랐다.

여성은 나이를 먹어 가도 순수성이 바탕에 놓여 있다. 연예

인들의 콘서트나 스포츠에도 열광한다. 여성은 호르몬의 작용에 따라 움직인다. 아이를 낳아서 모성애도 발휘하고 때로 생리 때 범죄를 저지른다. 10대의 함성이 없으면 TV 연예 프로가 심심하다. 20~30대 여자의 난소와 난포에서 터지는 프로게스테론 소리가 도시의 소음과 하모니를 장식한다. 40대는 에스트로겐이 발광하여 네온사인과 합류한다. 생리작용으로 신경이 날카로워지면 뇌의 조율이 잘 되지 않아 남편과 다투거나 절도벽이 발동하는 여성도 있다. 갑상선에서 티록신이 나와 중재 역할을 하기까지 상당한 시간이 흐른다. 여성은 많은 난자를 소비시켜야 할 의무가 있다. 이성과 성관계를 가지면서 효과적으로 소모시키는 방법이 있지만 뇌에서 파동을 치며 결정을 쉽게 내려주지 않는다.

여성은 이런저런 이해타산을 생각하는 습성이 있어서 분위기 좋은 곳에서 대화하는 과정을 거쳐야 한다. 여성의 생리과정을 모르는 남성은 다그치며 화를 내기도 한다. 여러 가지 사소한 문제가 복합적으로 겹치면 성격 차이라고 하며 이혼을 결심하는 여성이 늘어난다.

한편으론 현대사회에서 이혼이 많아지는 것은 과다 영양 섭취로 호르몬 생산이 많아져서 남녀간 호르몬 충돌 사건이다. 여성 운동선수가 스태미나가 강하고 프로 바둑에서 여성이 치열한 싸움을 하는 것도 같은 맥락이다.

2007년도 한나라당 경선 과정에서 이명박, 박근혜의 싸움은 많은 스트레스를 주었다. 캠프에서 상대방 약점을 다 들추어 내고 언론에서도 보도되기 때문에 조용히 여성다운 모습만 보여 주어도 이길 수 있는 게임이었다. 특히 TV 생중계에서 토론을 벌일 때는 독기 서린 말투를 해서 점수를 깎였다. 본선에서 정동영 후보가 이명박 후보를 공격했던 태도는 경지를 벗어났다. 오히려 이 후보가 동정표를 얻는데 일조를 한 셈이 되었다. 2008년 7월 민주당 대표 선발대회에서 추미애 의원의 앙칼진 목소리는 투표자들이 호응하기 어려웠을 것이다. 호르몬의 작용으로 목소리가 중성으로 변할 때는 애교와 유머로 극복해야 하며 성형외과 의사의 진단을 받을 필요가 있다.

한국 남성들은 여자의 목소리에 예민하여 다소곳한 여자를 선택한다. 호르몬은 항상 무슨 일을 저지른다. 간에는 여러 종류의 에스트로겐이 들어 있는 무기 창고가 있다. 몸 안에서 부정한 일이 생기면 즉시 출동한다.

에스트로겐의 농도가 나이가 들어갈수록 여성은 떨어지고 남성은 올라간다. 폐경시에는 난소의 에스트로겐이 적게 분비된다. 에스트로겐이 다 분비되고 부족 현상이 생길 무렵에는 안면 홍조현상이 생기고 불면증, 골다공중, 성관계시 통증이 생긴다. 에스트로겐의 역할이 대단하다는 것을 알 수 있다.

모든 성적 호르몬은 뇌의 스테로이드 호르몬의 작용을 받는다. 뇌에서는 감정을 걸러내는 일을 우선으로 한다. 눈으로 이성을 보는 순간 원시적 감정을 느낀다. 주변 환경과 상대방의 움직임에 따라 이성으로 접근하려는 시간적 여유가 생긴다. 하나 이상의 신경 펩티드들과 접촉한다. 스테로이드는 중심을 잡고 있지만 신경 펩티드는 작용했다가 금방 사라지는 형태를 반복한다. 상대방 반응에 따라 변태 행위가 이루어질 수도 있다.

현대의 남성들은 경제의 어려움으로 머리가 꽉 차서 신경 조절현상이 잘 이루어지지 않는다. 마땅히 스트레스를 해소할 장소도 없고 직장 상사와 마누라의 눈치가 여운으로 남아 있다. 비싼 술집을 가지 못한 남성들은 식당 여자들에게 눈독을 들이기도 한다. 남자들에게 여성들은 펩티드에 효과를 노리기 위해 습관적으로 여우짓을 한다. 폐경이 안된 여성들은 그 욕망을 난자를 통해 언제든지 뇌에 알릴 수 있다. 독신 여성들은 속도가 느린 편인데 옥숙이는 남성을 매일 접하고 있어서 예민하다.

내가 얼마동안 옥숙이를 만나지 않았을 때 택시기사를 사귀고 있었다. 자신이 운전을 못하기 때문에 이용가치가 많다고 생각했다. 운전은 기술이라 하며 존경한다. 불우이웃을 도와주라고 처음 본 기사에게 쌀을 기부한 적도 있다. 80년대 이전에는 운전을 하려면 정비 기술도 배웠는데 요즈음은 카센타에 의존하고 있다.

옥숙이는 지하철이나 버스를 전혀 타지 않는다. 장거리는 지하철을 이용하라고 교육을 시킨 적이 있다. 남의 자가용이나 택시를 타고 장례식에 갔다 오다 자신들이 죽어서 또 장례를 치른다는 이야기를 해줘도 소용이 없었다.

언젠가 옥숙이와 콜라텍을 갔다 오다 지하도를 건너는데 옥숙이 딸이 놀래더라는 것이다. 엄마가 택시를 타지 않고 왜 지하도로 가느냐는 것이다.

나는 어머니가 안 계셔서 어머니의 교육을 받아본 적이 없지만 옥숙이는 딸 교육을 어떻게 가르쳤는지 짐작이 갔다. 다른 곳에서는 아르바이트를 하면서 엄마 식당일은 돕지 않았다. 딸이 시장에서 배달을 한 달만 하면 뺏긴 단골손님을 다시 확보할 수 있다고 코치를 했지만 오지 않는다고 했다. 엄마가 일수를 다섯 군데나 찍고 있는 줄 아는지 모르는지.

나는 옥숙이에게 하필이면 불법 도급 택시기사를 사귀냐고 물었다. 옥숙이는 곧 개인택시를 살 거라고 했다. 7~8천만 원을 주고 개인택시 면허를 산다고 하니 옥숙이도 흥분되어 있었다. 매일 일수를 찍고 있는 처지에 거금인 것이다.

가끔 개인택시를 타고 다니는 옥숙이는 나에게 거짓말을 하기 시작했다. 가까운 곳에서 영업을 하고 있을 때 연결이 되면 이왕이면 아는 사람 사이이니 택시를 타며 요금을 다 내고 다니며 기사와는 아무 관계도 없는 사이라고 강조했다. 나에게 인사 소개를 시켜 달라고 했던 것에 부담감을 느낀 것이다.

옥숙이는 예전에 비해 독이 많이 빠져나가고 있는 느낌을 받았다. 식당이 현상 유지를 하고 있을 때에 내가 식당에 들르면 나에게 어른스러운 행동을 하곤 했다. 종업원들 앞에서 큰소리로 홀애비 심정 과부가 안다는 문구를 써가며 나를 생각하는 제스처를 했다.

　손님이 없을 때 둘이 마주 앉으면 요즈음 어떻게 해소를 시키냐고 묻는다. 나는 옛날 강남에서 이발소 아가씨들에게 춤을 가르쳤던 일을 회상하며 이발소에 간다고 했다. 옥숙이는 손으로 흔들어 버리지 왜 돈을 주고 하느냐고 했다.

　언젠가 내가 옥숙이 가슴이 작다고 해서인지 찜질방 이야기를 자주 했다. 가슴이 큰 여자를 만났는데 무거워하더라는 것이다.

　나는 중국에서 온 여자들에게도 관심을 갖기 시작했다. 식사를 할 때 무를 통째로 먹고 있었다. 한국사회에서는 깍두기로 담아서 먹기 때문에 몇 조각 먹지 못하는데 생 무를 많이 먹는 것이다. 첫 애를 몇 살에 출산했냐고 물었더니 30대 초반이라고 했다. 중국에서는 다산을 못하게 한다. 다산을 해야 장수하는데 인구가 많아서 조절하는 것 같다. 다산은 20대부터 출산을 해야 7~10명까지 낳을 수 있다. 주위에서도 자녀를 많이 둔 할머니들이 장수하는 모습을 발견할 수 있다.

　옥숙이는 늙어서 편한 남자가 좋다고 하면서 은근히 80대까지 살 것으로 생각하고 있었다. 자신의 엄마가 자녀를 많이 두어서 장수하고 있는 줄은 모르고 매일 술을 마시면서도 기대를 하고 있는 것이다. 옥숙이는 첫 애를 33살에 출산해서 유방암에 걸릴 확률이 반으로 줄었지만 장수는 장담하기 어렵다.

내가 10명 이상을 대상으로 조사한 바에 의하면 첫 애를 20대에 출산한 사람이 80 이상을 살고 있었다. 여성이 결혼을 안 하고 40대까지 혼자 살면 유방암에 걸릴 확률이 70% 정도라고 발표된 적이 있다.

이 보도를 증명이라도 하려는 듯 아는 이의 처제가 40대까지 혼자 살더니 유방암으로 세상을 떴다. 유방암 수술 후 소식을 듣고 전화 통화를 한번 했었는데 전이가 되어 균이 퍼져 나간 것이다. 나는 그 여자가 직장 생활을 오래 하면서 결혼을 안 하는 것을 보고 혹시나 했었는데 적중했다.

유방암에 한번 걸려서 수술할 정도가 되면 조직이 파괴되고 방사선에 노출된다. 재발 위험성도 보통 사람의 5배 정도가 된다. 유방암은 초기에 예방하여야 하며 미혼이건 기혼이건 신경 쓸 나이다.

라디오 방송 건강 상담에서 전문의(여성 박사)가 말한 적이 있다. 출산을 늦게 하는 것도 유방암과 무관하지 않다고 했을 때 나는 기분이 좋았다. 오랫동안 연구했던 것과 일치하여 나도 박사가 된 기분이었다.

나는 국립병원에 가서 직원들에게 유방암의 발생 원인에 대해서 질문했다. 외과에 가보라는 식으로 설명을 못했다. 내과에서 안내하고 있는 담당자는 너무나 광범위한 질문이라며 외과에 있는 직원에게 전화를 걸었다. 그쪽에서도 대답이 신통치 못했다. 여성들이 유방암에 대한 상식이 너무 없다고 생각하며 간호원 복장인 여성에게 또 질문을 했다. 몇 마디 말이 서로 오가는 중에 호르몬 작용도 있다고 했다. 설명을 자세히 못 해도 대략 감을 잡고 있어서 다행이었다.

  나는 의학 전문가가 아니어서 단정적으로는 말할 자격이 없으나 철학적으로 이야기를 꾸며 볼 수 있다. 여성이 임신을 하려면 일정 수준의 체지방을 지녀야 한다. 세포는 단백질 아미노산 효소 등으로 이루어져 있다. 사람의 몸 안에도 진보와 보수가 있다. 줄기세포는 중도파이다. 그 중에서도 배아 줄기세포는 안정 세력인 반면 성체 줄기세포는 경우에 따라 관망파이다. 항상 선거(임신)에 대비하고 있다. 주로 선거대책위원회 간부급(근육 세포, 뼈 세포, 피부 세포)으로 갈 준비 태세를 갖추고 있다. 대책을 세우고 있다가 선거가 없으면 허탈해진다. 유전자와 단백질이 잘못된 만남이라고 투쟁이 벌어진다. 각 조직의 염색체들도 시위를 하며 흩어진다. 세포의 균형이 깨진 것이다. 간에서는 몸 안에 자생력을 키우기 위해 방지책으로 에스트로겐이나 프로게스테론을 자궁 쪽으로 평상시보다 더 많이 배출시킨다. 그때라도 임신하려고 노력해야 하는데 뇌에서는 자존심을 앞세워 노코멘트다. 자궁에서는 양이 넘쳐 림프관을 타고 유방 쪽으로 올라간다. 유방은 주로 지방으로 이루어져 있으며 매우 치밀한 섬유조직으로 되어 있다. 호르몬이 침투하기가 가장 쉽다. 지방은 물에 녹지 않고 알코올에 약하며 다른 물질과 반응하여 성질의 변화를 쉽게 일으킨다.

호르몬의 자극을 받는 유방은 자율적으로 증식하여 주위 조직을 수축시켜 세포 덩어리를 만든다. 에스트로겐은 주변 조직까지 침범한다. 그 중에서도 양성 주동자들은 혈액이나 임파선을 통해 세력을 확장해 나간다. 세포 분열 시간은 12시간이다. 자가 진단을 하여 덩어리를 발견하든지 미리 의사의 진단을 받고 조치를 해야 한다. 호르몬이 왕성한 시기(23~29세)에 첫 출산을 하면 유방암뿐 아니라 다른 암에도 걸릴 확률이 낮다고 볼 수 있다. 독신 여성이 아닐지라도 초경이 빠른 경우, 30세 이상으로 임신한 경우, 폐경이 너무 늦은 경우 등 몸이 정상적인 상태가 아닐 때는 항상 조심하고 의사의 진단을 받아야 한다. 결혼이 늦었을 때는 둘 이상의 아이를 낳아야 안심이다. 림프구가 제 역할을 하여 질병 발생을 미연에 방지한다. 30세에서 50세까지는 위험 시기여서 1년에 최소한 2번 이상 진단을 받아야 한다. 60대~70대도 체질에 따라 안심할 수 없다.

2009년 12월 최근 여러 라디오 방송의 건강 상담에서도 한국에서는 40대(65%) 미국에서는 50대가 위험하다고 했다. 한국 여성의 유방은 섬유질이 많고 미국인은 근육질로 형성되어 있다는 것이다. 특히 비만인 자는 지방에서 호르몬이 나오기 때문에 운동과 신선한 과일을 섭취해야 한다.

옥숙이는 손님과 곧잘 고기와 술을 먹는다. 처음은 손님과 회를 먹거나 얻어서 모아 둔다. 좋은 콜레스테롤을 많이 섭취하고 밥을 조금 먹으면서 체중을 유지하고 있다. 손님에게 서빙하랴 주방 여자들에게 재촉하며 신경쓰랴 또 삐끼가 손님을 딴 데로 빼돌릴까 잔머리를 계속 굴린다. 새벽부터 밤늦게까지 육체적으로나 정신적으로 아주 혹독한 노동을 하고 있다. 항상 두 개의 얼굴이다. 눈은 상대방을 쳐다보지만 머리는 딴 계산을 하고 있다.

 언젠가 옥숙이의 옆모습을 보고 놀란 적이 있다. 눈은 촛점이 흐려져 깜빡거리며 물고기의 눈으로 보이고 얼굴의 볼은 양쪽이 빛이 나서 복어 같은 여자였다. 복어는 적이 나타나면 물과 공기를 들이마셔서 정상 크기의 두 배로 팽창시킨다. 옥숙이는 주방에서 금방 독기를 품었다가 손님이 부르면 애교 있는 목소리로 달려간다. 옥숙이의 변신은 복어보다 더 빠른 것 같았다.

 스테로이드 호르몬도 콜레스테롤로 만들어지기 때문에 잘 먹고 잔머리 굴리는 일본이나 한국 여성들이 아프리카 여성보다 더 오래 산다. 체내의 콜레스테롤의 약 25%가 두뇌에 들어 있는 것이다. 한국에서는 전반적으로 콜레스테롤을 나쁘게만 생각하는 경향이 있다.

 콜레스테롤은 호르몬을 만드는 데 보조 역할을 하기 때문에 폐경기가 지난 여자에게는 필수 영양분이다. 남성은 평생 정자를 생산해서 테스토스테론이 줄어들지 않지만 여성은 폐경기가 지나면 에스트로겐과 프로게스테론이 줄어든다.

2009년도 6월쯤이었다. 조영남, 최유라 방송에 의사분이 출연하여 인기를 끌었다. 남성 호르몬은 정신활동의 원동력인데 30세가 지나면 1%씩 감소하여 50이 넘으면 남성 호르몬이 줄어들고 여성 호르몬이 남아서 고분고분해진다고 하였다.

내 생각은 식사를 할 때 콜레스테롤 섭취와 관계가 있고 상대성원리와도 연관이 되는 것 같다. 한국의 장수촌에선 콩을 많이 먹고 일본 장수촌에선 돼지 족발을 먹는 것도 에스트로겐을 보충하기 위함이다. 여성은 호르몬이 많아도 문제고 너무 적어도 문제가 되는 까다로운 동물이다.

암 환자에게 아침을 거르지 말고 채식만 하면 안된다고 하는 것도 콜레스테롤 부족 현상을 막기 위함이다. 고단백질을 섭취하지 않을 경우 간에서 다른 영양분으로 콜레스테롤을 만드려고 한다. 그러면 사람이 마르는 현상이 일어난다.

옥숙이는 체중을 정상으로 오랫동안 유지하며 목소리도 허스키하다. 일수를 몇 군데 찍을 정도면 지칠 만도 한데 체력은 콜레스테롤이 받쳐 주고 있다.

나는 옥숙이에게 가끔 건강 교육을 시킨다. 고기를 많이 먹어서 콜레스테롤이 남아돌면 활성산소에 산화되어서 혈관의 중막이나 한번 다쳤던 곳에 쌓이기 시작하여 혈류의 흐름을 방해하면서 여러 가지 성인병의 원인이 된다고 하였다. 그리고 지방으로 알코올 성질을 띠고 있어서 술을 조금 먹어도 콜레스테롤을 만드는데 속도가 빨라진다고 했다. 그 뒤로 내가 가면 술을 안 먹는다고 강조했다.

영업 시간 도중이나 끝날 무렵 택시기사에게서 전화가 온다. 손님이 많은지 얼마나 매상이 올랐는지 물어본다. 나는 시치미를 떼고 택시기사가 왜 민감하게 신경을 쓰냐고 물었다. 옥숙이는 아는 사이에 그럴 수도 있다고 했다. 그럴 만한 이유는 돈을 자주 빌려 쓰는 것이다.

나는 수년 동안 십만 원에 만 원 꼴로 이자를 받고 개인 자전거 택배로 심부름 값을 챙기지만 택시기사는 이익을 챙기지 못하고 있다. 개인택시도 사고 집안 살림도 넉넉하다고 말한 처지에 이자 받고 돈을 빌려 준다는 것은 체면을 구기는 일이다. 더군다나 부친이 옛날 시골에서 국회의원을 지냈다고 했다. 옥숙이는 가끔 차도 공차를 타고 급할 때 이자 없이 돈을 빌려 쓰는 금고가 있어서 좋은 것이다.

그러나 사람이 친해지면 돈거래가 불편해진다. 택시기사는 식사를 하러 왔을 때 옥숙이가 정면으로 주시하면 긴장을 한다. 또 돈을 빌려 달라고 하지나 않을까 싶어서다.

잘 나가다 택시기사는 말실수를 했다. 옥숙이에게 범같은 여자라고 해버렸다. 돈을 어느 때 빌려 가고 또 언제 낚아챌 줄 모른다는 것이다.

옥숙이는 쪼들리면서도 남들같이 변을 늘어 놓지도 않고 다 갚는 성격이다. 나도 오랫동안 거래를 하면서 오히려 내가 옥숙이의 도움을 많이 받았다. 옥숙이의 눈에서 불꽃이 타고 양쪽 볼에서 홍조를 띠며 에스트로겐을 발산시켰다. 복어처럼 독기가 서린 것이다. 기사가 간 후로 먼 곳을 주시하다가 남자가 필요할 때가 왔다고 하면서 나를 쳐다보았다.

어느 날 상어 같은 여자가 나타났다. 옥숙이 식당이 전성기일 때 옆 가게를 인수해서 옥숙이에게 큰 타격을 주어 오늘까지 허덕이게 만든 여자다. 10년 전 옥숙이 식당에서 배달 팀장으로 있으면서 인기가 대단했다는 이야기를 들었는데 몸매가 망가져 있었다. 눈초리가 매섭고 아랫배가 상어 같이 매끄러운 S라인이었다. 어렸을 때 광주 신역 쪽 논 옆 토마토밭의 중국 여자가 떠올라 더 이상 쳐다보지 않았다.

상어의 근성은 먹이를 찾아 계속 움직인다. 다랑어와 같은 큰 고기에서부터 꽁치와 같은 작은 고기 종류에 이르기까지 무엇이든 닥치는 대로 먹어 치운다. 거친 성질 때문에 공포의 대상이다. 상어 여자는 욕심을 부리다 억지로 벌어놓은 돈을 까먹고 여기저기 시간제 일을 나가고 있었다.

나는 복어 여자와 상어 여자가 만나는 것을 의아하게 생각하여 옥숙이에게 물어보았다. 언젠가도 한번 도와준 적이 있고 이번에는 옛날 너무 미안함을 반성하고 도와주려고 왔다고 했다. 중국 삐끼 여자를 종업원으로 데리고 있었던 경험이 있어서 회 장사를 하는데 도움이 될 것으로 생각한 것이다. 돈을 위해서라면 옛 감정은 사사로운 일이라고 생각하는 보통 사람으로서는 생각하기 어려운 옥숙이의 변신이다.

상어 여자는 저녁일(일당 6만원)을 나가기 전 자투리 시간을 활용해 서빙을 해주고 부수입(3만원)으로 챙겨 하루 일당이 9만원이 되었다.

　여름이 지나고 가을이 되자 회 손님이 초저녁에 몰려들자 옥숙이의 계산이 맞아떨어졌다. 늦게까지 설거지 치다꺼리를 해야 하는 주방장은 자존심이 상하는 일이었다.

　옥숙이는 중 복장을 하고 다니며 일수를 챙겨가는 사람과 싸우고 경찰서에 갔다 온 후로 대담해졌다. 물론 나의 코치도 많이 받았다. 또한 2007년도 악덕 사채업자 사건이 신문에 보도되자 대통령의 말 한마디로 법이 강화되어 사채업자들이 힘을 못 쓰게 되었다. 악덕 채무자가 더욱 기승을 부리는 역전된 현상이 일어난 것이다. 아동 성폭력 문제만 보더라도 관계자들이 평소에 무관심하다가 방송과 인터넷을 거쳐 대통령이 말을 해야 호들갑을 떨고 난리다.

　옥숙이는 천만 원짜리 일수쟁이들은 가게를 팔면 준다며 아예 제쳐 두었다. 나와 관계된 돈은 이자를 꼬박꼬박 갚아 나갔다. 팀워크가 짜이고 회 손님이 많아졌다. 나는 가게를 팔 필요가 없다고 하면서도 가게를 팔면 제일 먼저 전화를 할 사람이 택시기사라고 했다. 옥숙이의 아픈 곳을 찔렸던지 겸연쩍어 하면서 욕을 많이 한다는 핑계를 댔다. 돈을 빌려 주지 않았던 택시기사가 나타나자 반갑게 식사 대접을 했다. 옥숙이는 그때 그때 상황에 따라 적이건 아군이건 편을 가르지 않고 순간적으로 변신을 시도한다.

　나의 오피스텔 1층 심야 포장마차 술집에는 복어나 상어 같은 여자들이 수시로 바뀌며 자주 왕래를 하였다. 자신들의 아지트로 삼고 담배, 술, 쌍소리를 해가면서 집에 갈 줄도 모른다. 개중에는 손님들과 날을 새는 여자도 있다.

　그 주인 여자에게 가지각색의 잡동사니 여자들을 어디서 많이 알았느냐고 물어보았다. 사우나에서 오랫동안 사귄 사람들이라고 했다. 사우나가 바다인 양 복어나 상어 같은 여자들이 많은 것을 보고 새삼 놀라고 말았다.

　지구의 온갖 배설물이 마지막으로 흘러가는 곳이 바다이다. 복어는 변신할 때마다 바닷물을 들이마셨다가 내뱉는다. 독이 중금속에 흡수되어 복어의 각 기관에 쌓인다. 독을 제거하지 못하고 만든 복어탕을 먹다가 죽는다. 바다는 인생의 모진 풍파를 견디어 내는 고통과 흡사하다. 온몸이 스트레스 덩어리인 사람을 건드리다가 화를 입는다. 인생의 막장의 드라마를 연출할 수 있다.

지혜의 신을 망각한 여자

　변호사나 대학 교수들이 정치적 발언을 하여 사회적으로 물의를 일으키는 경우가 종종 있다. 노무현 전 대통령이 서거하자 국가에 전혀 도움이 되지 않는 비생산적 발언을 여기저기서 내뱉았다. 종교계에서는 일부 목사들이 하나님을 팔아 엉뚱한 소리를 지껄여 대며 소란을 일으킨다. 김수환 추기경이 지옥으로 갔다느니 진화론이 어떻고 창조론이 어떻다느니 시대에 뒤떨어진 잡소리를 하고 있다.
　이 시끄럽게 우는 조그만 새들 같은 무리들을 모조리 잡아다가 똥구멍을 까 보여서 원숭이 똥구멍과 누가 더 깨끗하게 배설을 했는지 비교해 보고 싶다. 어린아이들은 원숭이 똥구멍은 빨갛고 깨끗하다는 것을 다 알고 있다.
　자기 본분을 잊고 깐죽거리는 사람들이 많아서 세상은 더욱 혼란해질 수밖에 없다.

  어느 한 특정 사상과 종교의 접근은 논쟁을 불러일으킬 수 있고 종교와 종교의 논쟁은 결말이 없는 논쟁으로 끝난다. 21세기 현 시점에 와서도 신에 대한 논쟁을 하는 것은 어리석은 일이다. 신을 팔아 욕구만 채울 뿐 삶의 근본적인 모순을 해결하는데 사명감을 다하지 못하고 인간의 가치와 삶의 질을 떨어뜨리는 종교 지도자가 있는 것이다.

  인류가 종교 체험의 역사를 갖고 살아온 데 대하여 부정할 수 없으며 앞으로의 삶 속에서도 종교적 경험은 계속 이어질 것이다. 절이나 교회 같은 공간은 종교의 신성함을 체험하고 삶의 궁극적 의미를 확보하기 위한 습관적 신앙생활의 장소다. 전 지구인이 각기 따른 종교관을 가지고 종교분쟁을 계속 일으킨다면 종교의 가치는 더욱 떨어지고 말 것이다.

  어느 날 시장의 상인이 모임을 갖는다고 하여 식당(삼겹살집)으로 초청을 받았다. 술집은 담배 연기가 많아서 거북스러운 자세를 취하고 있는데 목사가 여자를 대동하고 나타났다. 목사님은 술 담배를 하면서 포식했다. 나는 자리를 먼저 빠져나오고 싶었으나 여의치 않아 목사에게 한마디 했다. 목소리 관리를 잘 해야 여신도들이 많이 모여들 텐데 과음하고 있다고 했다. 목사는 몹시 기분이 언짢은 표정으로 변명하고 있을 때 나는 먼저 나오고 말았다. 며칠 후에 그 목사가 심장마비로 죽었다는 소식이 들렸다. 가끔 목사들이 제 명을 살지 못하고 죽는다. 언젠가 강원도에서 목사들이 교통사고로 한꺼번에 죽은 적이 있다. 그것은 자신의 지혜를 망각하고 하나님에게만 의존하고 있는 생활습관 때문이다.

나는 교회의 신축 공사장에서 건물이 완성되기도 전에 기도하러 모이는 여성 전도사들에게 질문을 했다. 필리핀에서 목사와 가족들이 교통사고로 죽었는데 어떻게 생각하느냐고 했다. 여자의 대답은 계시록에 순교자 숫자를 채워야 하는 사연이 있다고 했다.

나는 눈에 보이는 태양한테도 감사할 줄 모르는 사람들이 보이지 않는 허상에 의존하면서 하나님께서 주신 지혜의 신을 발휘하지 못하고 안일한 생각만 하다가 목숨을 잃었다고 흥분했다. 차 안에 10명이 탔는데 운전기사한테 속도를 줄이라는 말 한마디만 했어도 8명이 죽지 않았을 것이다. 아프가니스탄 사건 때도 괴한들이 차를 갈아탔을 때 수십 명 중 한 사람도 수상쩍은 기미를 눈치 채지 못하고 납치당했다. 지혜가 발동되지 않았던 것이다.

하나님은 세계 인구가 수십억 명으로 늘어날 것을 예상하고 각 개인에게 지혜의 신을 주셨다. 그 많은 사람들이 한꺼번에 하나님과 영적으로 통할 수 없는 것이다. 하나님께서는 우주를 창조하셨다. 우주는 하나님의 통제 속에 움직인다. 지구는 우주에 편승되어 따라가고 있을 뿐이다.

하나님께서는 지구의 잡다한 일에 신경쓸 겨를도 없다. 각 나라와 개인이 잘 알아서 해결해 나가야 한다. 진화론이니 창조론이니 하며 종교와 과학이 논쟁을 벌인 지 오래다. 창조론자는 하나님께서 인간의 한 쌍을 탄생시켰기에 원시인은 없다고 했다. 진화를 했든 창조를 했든 원시시대는 있었다고 보는 것이 상식이다. 인간이 모든 것을 한꺼번에 성취할 수 없기 때문이다.

내가 아는 여자 집사는 일주일에 교회를 두 번 이상은 반드시 나간다. 직업도 몇 개나 있다. 활동이 왕성하여 교인들을 사업에 연관시켜 소득을 챙긴다. 골프를 치러 가는 것도 운동보다도 주식 정보를 얻기 위해서이다. 돈 버는 데 너무 바쁘고 여기저기 선약이 되어 있어서 사적인 일로는 만나기가 힘들다. 교회에서 어떤 방식으로 봉사활동을 하고 있는 줄은 모르지만 따로 어려운 사람을 위해서 헌신하는 것을 한번도 보지 못했다. 다만 일요일에 교회에 가면 만날 수 있는 것은 확실하다. 이 여자를 보면 미국인들의 기독교 정신을 보는 느낌이 든다. 자신의 나라는 조금도 손해를 보지 않으면서 세계 여러 나라에서 사업을 벌여 이득을 보는 것이다. 각 종교마다 사람을 모이게 하는 기술이 있다. 종교단체가 너무 많아서 인간 교육이나 봉사활동보다는 사무실 운영비 조달에 더 신경을 써야 한다.

인간은 문명시대에 안주하기까지 지식을 하나씩 터득하며 이루 말할 수 없는 고통과 희생이 있었다. 현 시대에서도 나 같은 사람은 원시인 같은 생활을 하고 있는데 많은 사람들은 하나님만 찾으며 인간 초창기의 어려웠던 모습을 망각하고 있다. 단순히 호모 사피엔스라고 기억할 따름이다.

몇 년 전 돌아가신 자신의 부모도 잊어버리고 이웃이나 친척들의 어려움도 모르는데 인류 최초의 조상을 생각해 볼 여지가 없다. 현대의 여성들은 남성에게 원시시대로 돌아가라고 한다. 때묻지 않고 매사에 열중하는 남성을 원한다. 남성들은 살아 있음에도 고마움을 모르고 오직 여성들에게 순종을 요구한다.

원시시대에서 가장 고마운 것은 햇빛이다. 아침 햇살을 맞이하면 죽음의 고비를 넘기고 살아 있음을 고맙게 느낀다. 저녁 노을이 지면 또 긴장이 계속되며 잠을 잔다. 하루하루를 지날 때마다 안전함을 확인하고 경험하며 인생을 연장시켰다. 갑자기 비바람이 몰아치다가 언제 폭풍으로 변할지 알지 못하면서….

2008년 8월 말에도 폭풍이 강타하여 쿠바와 멕시코만 해안을 거쳐 미국으로 북상하자 일부 주민이 피난길을 나섰다. 과학이 발달하여 위성에서 태풍의 움직임을 살펴보고 있는데도 위험을 피할 길이 없다. 아무 정보도 없는 원시시대에서는 기절초풍했을 것이다. 그때는 우주가 잘 정리되어 있지 않아서 지구가 영향을 많이 받았다.

인구가 늘어나고 사람들의 생활이 복잡해지자 잡신보다도

사람이 더 무서워졌다. 포악한 사람이 죽으면 귀신을 쫓고 미신을 믿게 하여 선과 악을 구별하였다. 나라를 건설할 때마다 통치자의 위대함은 신격화되고 전쟁으로 영토를 확장하거나 왕이 바뀔 때마다 새로운 종교를 탄생시켰다. 특히 유럽 쪽은 지역적으로 좁은 땅에서 나라가 많이 생기고 그때마다 독특한 종교가 많이 생겼다. 여러 나라를 통합하면 계승자의 혈통에 따라 권력 투쟁이 생기고 사이비 종교도 판을 쳤다. 자기편을 많이 확보하기 위하여 종교를 이용한 것이다.

 과학이 발달한 21세기 와서도 중동지역에서 종교 분쟁이 끝없이 지속되고 있는 것은 생활 전통문화와 직결된다. 과학이 자연의 한계를 넘어서지 못한 것처럼 인간의 행동이 더 이상의 생활양식의 행동 반경을 극복하지 못하는 데 있다.

 각 나라마다 똑같은 하나님을 믿으면서 방식을 다르게 한다. 특이한 교리를 만들어서 자신들만이 하나님과 가장 가깝다고 하며 독점 의식이 발동한다. 어떤 문제를 스스로 해결하려는 의지를 보이지 못하고 신에게 의존하는 버릇이 생겼다. 하나님께서 선물한 지혜의 신을 망각한 채 눈앞에 보이는 이권에만 개입하여 마침내 세계 전체의 전쟁으로까지 확대시켰던 것이다.

 르네상스 시대의 루터의 종교개혁은 주로 교회법과 관계되는 교리를 논하고 신자들의 생활 태도를 바로잡으려 했을 뿐이다. 인류 역사상 어느 누구도 교리를 없애거나 축소시키려는 흔적이 보이지 않는다. 종교의 교리는 그것을 이용한 자들에 의해 계속 전파되어 불멸의 영원성을 강조하여 개인주의를 발달시켰다. 한방울의 물이 산소와 수소로 분해되는 진리와 같이 사람의 두뇌는 아무 데도 쓸모가 없는 욕망의 덩어리로 죽음에 의하여 해체될 뿐이다.

오늘날까지 종교 행사를 하면서 사람을 모이게 하는 데는 주로 여성을 이용해 왔다. 세월이 갈수록 교회에 남자가 줄어들고 있다. 남자라고 해야 노년층에 가까운 사람들이다. 혈기 왕성한 젊은이가 케케묵은 성경 이야기나 들으려고 오랜만에 맞은 귀중한 시간을 교회에서 보내려고 하지 않는다. 등산이나 도박장 등 갈 곳이 널려 있다. 그 중에는 마누라가 교회에 다니니까 만사가 잘 풀릴 것이라고 생각할 수도 있다. 죽어서 천당이 있으면 가고 없으면 말고이다. 부부가 일심동체여서 크게 손해날 것이 없다는 사고방식이다. 만일 목사가 현 시대에 맞는 교리를 펴서 종교를 전파시킨다면 이단으로 몰릴 가능성이 크다.

시장에서 자주 거래를 하는 여자로부터 추수감사절 초청 기도회에 참석을 부탁받았다. 나는 노는 사람들은 일요일날 바쁘다고 하면서도 자전거로 15분 정도의 교회를 찾아갔다. 주위에 교회가 너무 많아서 찾기도 힘들었다. 교회가 한군데에 몰려 있는 동네가 많아서 거리 제한법 생각이 나기도 했다. 그 교회의 젊은 목사는 우렁차고 듣기 좋은 목소리인데도 신도가 기대에 못 미친 숫자였다. 목사가 면담 요청은 했다. 서로 의견 교환을 하면서 현실의 이스라엘 이야기는 안 하고 목사들이 구식 케케묵은 옛날 이스라엘 이야기만 한다고 했더니 대충 수긍을 했다. 그때 팔레스타인과 전쟁 중이었다. 가끔 교회에 가보면 지혜의 신을 깨우치고 있다.

 교인들이 기도를 많이 하여 하나님 소리를 들었다느니 여러 가지 이야기를 하며 기독교 방송에서도 간증인가 뭔가를 하면서 열심히 고백한다. 자신의 집념이 강하게 드러나 지혜의 신을 찾는 것이다.

 목사들이 교회를 운영하는 데 많은 어려움을 겪고 있다. 한정된 신도 수를 가지고 새벽 기도회를 시작으로 다양하게 시간표를 짜고 있다. 대한민국 교회는 여성들이 가지 않으면 무너진다. 목사가 탤런트가 되어 교리보다도 현실의 이야기를 더 많이 하고 식사 시간을 이용해 신도들 간에 대화의 장을 늘려야 함이 중요하다.

만족을 모르는 여자

　세상에서 가장 쉽고도 어려운 일은 적당히 먹고 재물을 분수에 맞게 소유하는 것이다. 가난하게 사는 것보다 마음이 가난해지는 것은 더 어렵다. 인간은 아무리 욕망을 충족시키려고 해도 한계를 벗어나지 못하고 자신의 그릇 이상은 채울 수 없다. 그것을 채운 나머지는 오직 형상(그림의 떡)으로 남을 뿐 이미 자기 것이 아니며 소비시킬 시간도 부족하다.

　물질적인 것은 고정된 실체이고 정신적인 것은 욕망의 실체이다. 소유와 집착이 습관으로 이어져서 물체가 파괴될 때까지 소유하고 사회적 조건이 충족될 때까지 소비한다. 물체가 자산일 때는 실체가 클수록 그것이 자신을 소유해 버리며 불안이나 걱정의 요소가 되고 만다.

　본능적 욕구를 위해 땅을 사서 충족하려는 것은 경쟁과 투쟁의 싸움터에 스스로 끌려 들어가는 꼴이 되고 만다. 아무것도 없이 태어난 무의 작용에도 어긋난 진리로 거슬리는 일이다.

  욕망을 깨우치지 못한 자의 에너지는 고통으로 몰고 가는 에너지로 작용하여 그칠 줄 모른다. 언젠가는 물 흐르듯이 다 녹아 버리겠지만 흔적의 상처를 치유하는 데는 죽음의 무덤까지 이어진다. 돈과 땅을 위해서 남편을 청부살인하는 자, 생사람을 송장으로 만들어 보험금을 타내는 등 여자의 욕심이 지나치기만 하다.

  "농촌은 뿌리, 도시는 꽃이다"는 진리의 어휘를 "돈은 아름다운 꽃이다"라고 변질시키는 작자들이 늘어나고 있다. 농촌 사람들이 도시에 와서 살 경우에는 서로 만나고 도우면서 남의 빈 그릇을 채워 줄 줄도 안다. 인생의 근본은 어릴 때부터 배우고 예의범절도 몸에 배어 있다. 어려운 일이 있을 때 참고 견디어 나갈 줄 안다.

  뿌리가 자라는 모습을 보지 못하고 도시에서 꽃만 보고 자란 여성들이 온갖 문제를 일으키는 경우가 있다. 그중 운이 좋아서 재산이 형성된 자는 자기 부부의 그릇을 채우고 아들 딸 손자 등의 또 하나의 그릇을 채우려고 온갖 수단으로 편법을 쓴다.

  이명박 정부 초기 여성 국무위원급 인사 청문회 때 재산 형성 과정을 보고 정치인들은 호들갑을 떨었다. 박정희, 전두환 군사정권 때만 해도 일부 국민들만이 부동산 투기를 했다. 고

위직이나 세무공무원 출신들은 전근이나 출장이 잦은 곳에 집을 장만하였다. 노태우 정권 시절부터는 88올림픽을 핑계삼아 서울 전체가 정비사업이 이루어지고 그것을 계기로 개발되기 시작하여 부동산 붐이 노골적으로 일어나기 시작했다. 온 국민이 부동산에 눈을 뜨기 시작한 것이다.

내가 80년대에 한남동 도깨비시장 중턱에서 춤을 가르치고 있을 때 청담동에서 복덕방을 하는 유 사장이 나에게 지도를 받았다. 소개비로 하루에 백만 원은 기본으로 벌고 땅을 사 둔다고 했다. 한참 세월이 흘러 송파 경찰서 앞에서 만났는데 주차장을 하고 있었다. 그때 사는 땅인데 마지막으로 매매를 하려는 듯 보였다.

수십 년 동안 부동산에 몰두한 사람들은 부자가 되었을 것이다. 또 막차를 타서 손해를 보기도 했다. 위정자들은 자신들이 챙길 것 다 챙기고 규제를 한다고 법석을 떨고 있다. 서점에는 온통 땅 투기나 부자 되는 법 등의 책이 쌓여 있고 2009년 현 시점까지도 각종 신문에는 중개사 시험 광고가 정치면 1면에 자리잡고 있다. 부동산 시험의 원래 취지엔 어긋난 일이지만 아는지 모르는지 신문을 펼칠 때마다 온 국민을 중개사로 만들 작정인 것 같다.

내가 어렸을 때 "살기 위해서 먹느냐 먹기 위해서 사느냐"란 유행어가 있었다. 통일벼가 개량이 되어 먹는 것이 거의 해결되어 가던 시절에 물질적으로 여유가 있는 사람이 가난한 사람에게 던져 보는 유머였다. 일제 강점기와 6·25전쟁을 겪고 살아남은 자들의 후손들이 여유 있게 유머스러운 말을 처음으로 하기 시작한 것이다. 복싱의 홍수환 선수가 아닐드 테일러 선수를 물리치고 "엄마 나 참피언 먹었어"라고 했던 말도 먹는다는 잠재의식 속에서 나온 말이지만 유머로 번지기 시작했다. 유머가 남발하는 사회는 앞으로의 생활이 보장되어 있다는 증거다.

그러나 대부분의 여자들은 얼마만큼 가져야 부자가 되고 또 재물이 흘러넘쳐도 과욕이라는 것을 깨닫지 못했다. 그러한 경우에 내가 당하고 말았다. 나는 여자들의 욕심 때문에 지방에서 망가져 헤어나지 못한 채 서울에서는 몹시 자존심이 상한 일을 감수해야 했다.

조부님은 상당한 재력가였다. 그것은 잠깐이었다. 농경사회에서 산업사회로 가는 길목에서 변신하지 못하고 그대로 멈추어서 세월을 안위하게 보냈기 때문이다. 그럴 수밖에 없었던 것은 장남(나의 부친)이 대학을 나오고 육사까지 가서 6·25 동란으로 전사하여 그 후유증이 너무 컸던 것이다.

나는 여자 복이 지지리도 없었다. 할머니는 친 조모가 아닌데다 엄마까지 고부간의 사이가 안 좋았던지 친정으로 줄행랑을 쳤던 것이다. 한 가지 더 있다. 초등학교 2학년 때까지 나를 귀여워했던 여선생님마저 어느 날 갑자기 5학년 남선생으로부터 학생들이 보는 가운데 뺨을 얻어맞고 영원히 헤어지고 말았다. 훗날 내가 춤 선생이 되어 여자들을 많이 사귀게 된 것도 다 이유가 있었다.

집은 대가족으로 식사 때면 10명이 넘었다. 전쟁의 후유증은 대단히 커서 고아원도 많고 과부도 많았다. 짝을 못 찾은 두 고모가 있었는데 친 고모는 서울에 가서 육군 대위와 연애하다 폐가 나빠져서 귀향했고 배다른 고모는 미장원을 하면서 건재상회를 하는 남의 남편을 탐하고 있었다.

시골(보성)에 논이 많아 조부님은 양반으로 한량 노릇을 하는 나이가 되어 버렸지만 자식 손자들은 어떻게 해서든지 교육을 잘 시켜야 되고 공부 잘하는 손자라도 고문파스(사법고시)를 시켜야겠다고 벼르고 있었다. 아마 일제 때 일본 순사들에게 당하기도 하고 농지개혁 때 많은 논도 빼앗겼던 것이 한이 되었던 모양이다.

한 나라의 역사가 외부 세력에 의해서 무너지듯 우리 집의 역사도 먹구름이 피어나기 시작한 사건이 생겼다. 유지로 활동해 온 홍 사장이란 분이 나타나서 집안을 송두리째 무너지게 하는 심지를 깊이 박아놓고 간 것이다. 조부님과 홍 사장의 만남은 스탈린과 모택동이 만나서 한국전쟁을 모의했던 것보다 내겐 충격이 더 컸다. 어린 나의 마음에도 답이 틀렸던 것이다.

삼촌이 사범학교를 졸업하고 지방 초등학교로 발령이 났다고 걱정을 하자 공무원 생활을 경험한 홍 사장은 약대를 보내라고 했다. 앞으로 유망하고 대학을 보낼 경제력도 인정한 것이다. 조부님은 원래 법대 아니면 대안이 없는 분인데 그분과 의사소통을 마치고 결심을 하였다. 그분 말 한마디가 회오리 바람을 일으켜 나의 인생에 미치는 영향도 컸다.

시골 논뿐 아니라 광주의 금싸라기 논도 사라졌다. 조부님은 한문 세대로 일제 강점기를 거치면서 많이 시달린 탓으로 교육열은 높았지만 국가관이나 철학사상은 없었다. 상일꾼보다도 목수를 더 중요시하고 항상 가까이 두었다. 시골에 천 평이 넘는 집터에 5칸 접집의 큰 기와집과 광주의 집수리에 도움이 되기 위함이다. 정치에는 관심이 있는 듯 신문 사설을 소리내어 읽기도 하고 붓글씨로 한문을 써서 족보를 만들기도 했다. 신변의 위험을 느꼈는지 어린 꼬마일 때부터 나를 보디가드로 항상 대동했다. 내가 영특하고 눈치가 빠른 것을 알고 있었다. 일본인과 공산당원들이 물러간 지 오래 되었지만 일제 36년은 완전히 조부님의 몫이었던 것이다.

일본은 경찰과 초등교사를 육성하는 것을 중요한 정책으로 삼고 있다. 국가의 기강을 잡는데 가장 중요한 것이다. 더욱이 일제가 물러간 상태에서 국가의 장래나 개인의 경험을 쌓기 위해서 아들을 얼마 동안이라도 교사로 봉사할 수 있도록 해야 함은 당연한 일이다. 발령난 교사를 그만두게 하고 약대를 보낸 것은 자식을 약장수를 시켜 돈을 벌도록 하라는 홍 사장의 말에 맞장구를 쳤던 것에 불과하다.

일본의 식민지 정책에 대해서 이야기했던 말이 생각난다. 머리 좋은 학생들은 사범학교에 집어 넣어서 코흘리개들과 놀게 하여 정치나 다른 곳에 신경을 쓰지 못하도록 했다는 설이다. 일본인들의 고등전술을 모르고 한 허울 좋은 덕담일 것이다.

항상 어느 때라도 초등학교 교육만 잘 시키면 질서는 금방 잡힐 것으로 확신한다. 동네에서 놀던 5살 꼬마가 어느덧 세월이 흐르면 자가용을 타고 담배를 물고 자신 앞에 나타날 것을 상상하지 못한다. 경찰도 교육이 부족해 경사급만 되면 곧잘 사고를 친다. 검사, 판사도 질서면에서 경찰보다도 못한 사람이 있는 것을 보면 국가의 주체성을 잃어 가고 있는 것이 아닌가 걱정이 된다.

한나라당 국회의원들이 서민을 위해서 담배값을 올리지 않겠다고 했다. 담배값은 세계 수준에 미치지 못하고 너무 싸서 청소년들도 사서 피우며 온통 길거리가 담배 꽁초투성이다. 국회의원이란 작자들은 자가용만 타고 다니는지 눈이 없는지 서민들을 폐결핵이나 폐암으로 몰아가는 꼴인 것이다. 잘 먹고 잘 살아서 노인 걱정도 하지 않는다. 담배를 피우라 마라 할 것도 없다. 가격을 올려서 남은 이익금으로 노인 복지 예산으로 쓰면 되는 것이다. 국회의원들을 다 없애 버리지도 못하면서 나는 또 흥분하고 있다.

삼촌이 약대를 졸업하자 할머니와 고모는 조부님을 졸라대기 시작했다. 광주의 경향 방죽이 있는 곳의 논을 팔아 약국을 지어 주자는 것이었다. 조부님은 더 기다려야 한다고 반대했다. 날이면 날마다 모녀가 볶아대는 바람에 조부님은 항복하고 말았다. 모든 상황을 지켜보고 있는 나는 여자는 무서운 동물이라는 것을 다시 한 번 느꼈다.

논을 팔고 3년 정도 지나자 건너편에 광주신역이 들어선다고 발표가 났다. 우리 논을 산 사람은 갑자기 벼락부자가 되었다. 나의 초등학교 동창(광석)은 부친이 경찰 간부였는데 근처에 논을 많이 사두었던지 그레이하운드 고속버스 정류장을 건설하였다.

산수동 큰집까지 팔아서 장동(서석 동쪽)의 구석진 곳에 2층 집을 지었는데 삼촌 친구가 건축 설계를 하고 부도를 내고 달아나서 조부님은 또 망하고 말았다. 지금 생각하면 쇼일 가능성도 배제할 수 없다. 시골 논을 팔아서 부도를 메우고 약국을 개설하게 되었다.

나는 학교에 갈 때마다 조부님께 용돈을 타려면 눈물을 짜야 했다. 그놈의 홍씬가 뭔가 하는 사람 때문에 나에게 미치는 영향은 한평생 원한에 사무치고 있다.

할머니는 갈수록 대담해졌다. 재취로 들어와서 고생하고 설움을 겪었던 것을 만회라도 하려는 듯 시골의 산이나 밭 집들 여러 곳에 관심을 갖고 아들 딸들과 의논을 자주 했다.

큰 손자가 서울대에 다니자 나이가 비슷한 막둥이가 지방대에 다닌 것을 안쓰럽게 생각하고 또 조부님을 들볶기 시작했다. 결국 시골 논을 팔아서 서울 한양대 3학년으로 편입시키는

데 성공했다. 그때의 사립대는 돈이 엄청나게 들어갔지만 엄마의 정성으로 막둥이 삼촌은 현재 잘 살고 있다. 엄마의 힘은 위대한 것이다.

엄마가 없이 누구한테 말 한마디 하지 못하고 자란 나는 고1학년말 방학 때 사고를 치고 말았다. 서클 활동 하는데 돈이 들어가고 용돈을 타는데 어려움을 겪자, 일주일 방학을 이용해 엄마 찾아 삼만리를 감행하고 말았다. 정읍 오거리에서 외삼촌이 쌀가게를 하고 있다는 작은 조부님의 말 한마디가 인생을 바꾸는 계기가 되었다. 아무것도 모르면서 무작정 달려간 것이다.

찾기는 했는데 아주 냉정했다. 학생이 공부는 안 하고 무슨 딴 생각이 있는 것 같다고 외삼촌은 누이(엄마)에게 보고한 것이다. 점심도 안 줘서 옆방의 라디오를 가지고 나가 소리사에 팔고 전주 중앙시장으로 향했다.

세살 때 헤어지고 10살 때 한번 보고 다시 8년만에 보는 얼굴이었다. 10살 때 고모들이 절대 따라가면 안된다는 교육을 받고 만났는데 나를 이뻐해 주던 초등학교 여선생님과는 너무 동떨어진 얼굴이어서 실망했었다. 이번에 본 얼굴은 안경을 끼고 술에 취해서 매서운 눈초리로 나를 보며 무슨 돈이 필요해서 엄마를 찾느냐였다. 부잣집 손자인데 이해가 안 간다는 눈치다. 오랜만에 아들을 본 어머니로서 상상을 초월하게 싸늘했다. 마치 영화에서 본 여자 간첩단 두목 정도의 매서운 눈초리였다.

　나는 얼마간의 용돈을 받고 학교에 다니며 의기양양하게 서클 활동을 했다. 서석초등학교와 전남대 수의대와 광주여고 근처에는 100명 정도의 선복당이라는 폭력조직이 나를 억누르고 있었다. 며칠 안되어서 정읍 경찰서 형사가 나를 잡으러 학교에 왔다. 그 라디오 사건인 것이다. 어머니와 외삼촌이 짜고 미리 버릇을 고친다고 경찰서에서 15일 동안이나 징계를 받게 한 것이다. 기소유예로 나왔지만 학교에서는 받아 주지 않았다.

　나는 1년 정도 놀다 실업학교 3학년으로 편입하여 고등학교 졸업장을 받았다. 조부님께서는 실력도 없어서 법대를 못 가니 대학을 포기하라고 했다. 다른 식구들도 똑같은 눈치였다. 1년 정도 허송세월을 보내고 있을 때 조부님은 어렸을 때부터 항상 보디가드 역할을 했던 손자가 불쌍했던지 대학 갈 준비를 하라고 했다. 지방대학은 미달과가 많았지만 예비고사가 실시되어 운명은 갈리고 말았다. 중학교 때 공부를 못했던 동창들이 ROTC 복장을 하고 다닐 때는 부럽기만 했다. 나는 오기로 서울에 가서 국제영화배우전문학원에 입학을 하였다. 입대를 앞두고….

　서울에서 또 한 번 자존심이 상하는 비참한 사건이 있다. 나는 강남구 자곡동(수서역과 세곡동 사이) 앞 하우스 농장이 많은 곳에서 짜투리 땅을 7평 정도 빌려서 5년 정도 깻잎과 상추

토마토를 심었다. 좁은 땅이 길게 늘어진 곳이지만 조그만 하우스 창고를 지어서 산에서 가져왔던 기구를 보관해 두고 주로 동네 할머니들에게 밭농사를 맡기는 편이었다. 싱싱한 채소를 가꾸어 먹는다기보다는 주민들과 친목을 다지기 위함이었다.

초창기에는 이발소 안 사장이 관리를 하면서 친구들을 자주 데리고 오자 옆 하우스에서 오랫동안 하우스 농사를 짓고 있는 여자와 자주 시비가 붙었다. 본래 이 땅은 자기네가 관리해야 하는데 자곡동 터줏대감이 오랫동안 깻잎을 심다가 나에게 넘겨준 것이 아니꼬운 것이다. 더군다나 춤 선생 건달이 오랫동안 자곡동 주민들과 관계를 이어온 것에 괄시할 수 없는 존재였던 것이다.

5년 동안 밭을 관리하는 사람과 여러 번 시비가 있었는데 자기에게 임대를 준 주유소 주인인 임 사장이 췌장암으로 사망하자 돌변하기 시작했다. 이번에는 짜투리 땅의 경계선을 확실히 하려는 듯 재판이 걸렸다고 하면서 줄을 쳐 놓더니 길게 하우스를 짓고 벌집통을 가져다 놓았다. 보상을 받기 위한 하나의 상투적인 수단인 것이다.

나는 더 이상 싸우지 못하고 포기하고 말았다. 자곡동 건너편에서 하우스 농사를 하는 사람들은 오랫동안 남의 땅을 싸게 얻어 채소가 비쌀 때는 많은 이익을 남겼다. 거의 다 집을 사고 또 농장에 집을 만들어서 어떤 곳은 안에 들어가면 빌라와 같은 기분이 들 정도로 장식을 꾸며 놓았다. 단속을 하는 구청 공무원들의 안이한 자세가 눈에 띄는 장면이다.

 빈손으로 시골에서 올라와 남의 땅에서 오랫동안 커다란 이익을 보고도 욕심이 한이 없다. 그 중에는 나와 나이가 비슷하거나 어린 시골 농사꾼 자녀 또래들이 있을 법하다. 어떻게 운이 좋아 큰 돈을 버는 행운을 얻은 시골 출신이 서울에는 여러 방면에 많이 있다.

 나의 시골에는 지금도 산이 있고 천 평이 넘은 집이 버티고 있지만 멀어서 못 간 지가 오래 되었다. 말 그대로 왕년의 부잣집 손자가 서울에서 큰 망신을 톡톡히 보고 있는 것이다.

 내가 자곡동을 알게 된 까닭은 나에게 춤을 배웠던 황씨 부인 때문이었다. 남편이 농작물을 차로 실어 나르는 동안 고스톱을 치다가 회갑 잔치를 더욱 빛내기 위해 춤을 배워야 한다는 동네 유지들의 말을 듣고서 춤을 배운 것이다. 그것을 인연으로 회갑 잔치도 6번 이상 참석했었다.

 주유소를 지어 놓고 세상을 뜬 임 사장과는 어려운 시기에 아들을 도시가스에 취직을 시켜 주어 더욱 절친하게 보냈다. 자주 집에 가서 식사를 했었는데 터줏대감의 빈자리가 너무 커서 동네에도 올라가지 못한 처지가 되어 버렸다. 내가 관리했던 밭의 옆집 여자만 생각하면 자곡동에 놀러 갈 생각이 사라지고 만다.

 옛날 할머니 시대는 문맹시대를 거치고 가난과 부자에 대해서 잣대가 없어서 멋모르고 욕심을 부렸다고 할 수 있다. 있는 자와 없는 자의 차이가 너무 크기도 했다. 세월이 흘러서 삶의 역사를 배우고 볼 것 다 보고 알 것 다 아는 여자가 무례하게 행동하고 사소한 욕심까지 챙기면 언젠가는 자업자득의 고통을 돌려 받게 될 날이 기다리고 있을 것이다.

엄마 노릇 못하는 여자

맞벌이하는 부부 사이에서 자라서 결혼하여 자신도 맞벌이를 하느라고 자녀와 소통을 이루어 내지 못한다. 유아에게는 젖을 먹일 시간이 없어서 우유를 먹인다. 우유만 먹고 자란 아이가 커서 아이를 낳는다.

몇 년 후에는 한 가지가 더 있다. 하루 종일 오락 게임을 즐기며 학창 시절을 보냈던 아이가 성인이 되어 아이를 출산하여 그 아이 또한 오락 게임에 빠질 것이다.

사회 일부에서 이런 일들이 계속 반복되면 사회 적응능력이 떨어진다. 남성은 건강에 이상이 생겨 수명이 단축되고, 여성은 모성애가 없어져서 헌신적인 사랑보다도 눈에 보이는 안일한 생각만 하게 된다. 생체 리듬이 깨져서 정상적인 생활을 못하거나 깜박깜박하여 어린아이를 잃어버리고, 엄마 노릇을 못하는 여성이 늘어나고 있다.

　전쟁이 끝난 지 60여 년이 지났지만 전시와 비슷한 현상은 계속되고 있다. 생활이 어려워서 아이를 양육할 능력이 없거나 각종 교통사고, 이혼 등으로 아동복지시설에 맡겨지고 있다.

　혼자 살거나 맞벌이를 하거나 엄마와 아이의 시간표는 정해져 있다. 각자가 핸드폰이 있어서 전화로 조정한다. 무엇을 어떻게 먹고 학원에 갔다 와서 숙제를 하라고 지시한다.

　집과 멀리 떨어져서 직접 가게를 운영하는 사람은 시어머니나 친정어머니에게 아이들을 맡겨 버리고 일정한 간격을 두고 가 본다. 반대로 집안에서 가내공업을 하거나 영업집을 운영하는 경우는 하루 종일 밖에 나가서 놀거나 친구 집을 떠돌아 다닌다.

　언제부터인가 아이들의 정서를 위해서 시골로 이사를 가는 사람이 늘어나고 있다. 시각 공간적 지능을 키우고 자연현상을 탐구하게 하여 다능적 지능을 높여 주기 위함이다.

　할아버지와 할머니가 없는 아이들은 좋은 경험이 될 수 있다. 노인들의 다정다감한 목소리에서 소리에 대한 감수성을 느끼고 유머를 키울 수 있다. 대인관계를 통해서 자기 이해 지능을 키워 나갈 수 있다.

　마음에 드는 농촌을 찾아서 새로운 고향을 만들고 좋은 추억을 간직할 수 있다. 소나 돼지, 닭 등의 동물들과 놀다 보면 친화적인 성격이 형성되고 커서도 융통성이 있고 친구 간에 우

애가 깊어진다.

 나는 하남의 검단산에서 오리를 키울 때 재미있는 추억이 있다. 서울에 있을 때는 여건이 좋지 않아 친구들을 초청하지 못했다. 검단산 아래에서는 땅을 빌려서 농장을 한다는 핑계로 개방을 시켰다.

 도시의 초등학교 동창보다도 시골과 서울에서 사귄 사람들이 더 많이 놀러 왔다. 지방 도시에 집이 있고, 기반이 있는 사람은 서울에 올라올 필요가 없다. 나는 농장에서 인삼, 황기, 대추, 오가피를 기본으로 넣어 탕을 만들어 팔기도 했다.

 한번 왔다 갔던 초등학교 동창한테서 전화가 왔다. 나의 오리 한 마리를 가져다 주면 영등포 시장에서 두 마리를 사 주겠다는 것이다. 나의 오리를 인정해 주는 것은 기분 좋은 일이지만 하남에서 영등포까지는 너무 멀어서 농장을 비워 두고 가는 것은 어려운 일이다. 오리는 알칼리성이어서 어떤 오리나 큰 차이가 없다고 했지만 고집을 꺾지 않고 서운해한 것이다. 친구는 공고 선생인데다 부인은 영양사다. 부인이 이 사실을 알았다면 어떻게 생각했을지 몹시 궁금했다. 그 뒤로 연락이 끊기고 10년이 훨씬 지나고 말았다.

 그 친구는 어렸을 적 광주 산수동에서 바로 건너편에 살았는데 잘 삐지고 눈이 가늘어서 별명을 뱁새라고 놀렸는데 어른이 되어서도 그 기질이 그대로 남아 있는 것이다. 홀어머니와 누나들 아래서 자란 환경이 크게 영향을 받았다. 엄마는 직장에 나가며 자주 집을 비우고 누나들과 싸우며 잘 삐지는 습관이 몸에 배인 것이다.

　부잣집이면서도 양쪽(아빠, 엄마) 부모가 없는 나에 비해 가난하면서도 엄마가 있었기에 지방 대학을 졸업하여 교사가 된 것이다. 엄마의 역할이 크다는 것을 다시금 생각해 보는 장면이다.

　그에 비해 시골 출신들은 나와 크게 인연을 맺고 있지 않았음에도 시골에서 가장 부자였던 조부님의 손자라는 것 하나만으로도 인정해 주고 정답게 대해 주었다.

　시골 출신들은 어렸을 때부터 여러 가지 미풍양속의 전통문화를 겪고 자라서 융통성이 있다. 커서는 도시 문화까지 익히게 되니 도시에서만 자라서 활동하는 사람보다 월등한 이점을 얻을 수 있다.

　나는 엄마가 없어서 학교에 갈 때 근처 친구 집에 일찍 가서 친구의 엄마를 살펴본다. 친구를 챙겨 주는 모습이 꼭 나를 챙겨 주는 것 같은 착각을 일으키기도 했다.

　그때 당시의 부모들은 대부분 차 조심하라고 일러 준다. 지금과 같이 골목골목마다 차가 다니지 않았음에도 만에 하나라는 마음으로 아이들을 걱정했다.

　요즈음 부모들은 안전 행동의 모범을 보이지 않을 뿐더러 자녀에게 안전 교육도 시키지 않는다. 차가 쉴 새 없이 주야로 다니니까 불감증이 생겼다. 학부형 자신부터 스쿨존에서 신호

위반하면 가중처벌 받는 것을 모른다.

어린이의 교통사고는 보행과 건너기에서 70%를 차지하고, 놀이기구(자전거, 인라인 스케이트) 등에서 7%를 차지한다. 나머지 사고는 차 안에서 나는데 어린이는 될 수 있으면 차와 멀리하고 차 주위에서도 놀지 못하게 하여야 한다. 급발진 사고도 무시 못한다.

평소에 아이들의 위험한 행동가지, 위험한 심신상태, 불필요한 복장을 점검해야 한다. 길을 건널 때도 뛰지 말고 우선 멈추었다가 운전자와 눈을 맞추고 차를 계속 보면서 건너가는 습관을 길러야 한다.

2010년 1월 22일부터는 종합보험 가입에 상관없이 스쿨존 교통사고는 무조건 형사처벌 당한다. 스쿨존 내 교통사고가 매년 증가하고 있지만 처벌 수준이 가볍고 운전자의 안전의식도 미약해 교통사고로부터 어린이를 보호하기 위해 뒤늦게나마 법을 강화한 것이다.

요사이 엄마들은 자기 앞 챙길 일도 바빠서 아이들 밥상머리 교육(식탁 교육)도 등한시한다. 어떤 불량식품을 먹고 다니는지 엄마 몰래 외상 거래를 하는지 알 수가 없고 애들 머리를 못 따라간다. 엄마 머리에서 생각하는 착점(바둑의 예측 수)을 몇 수 읽고 있는 것이다.

식사 시간 이외는 만나기 힘들다고 보고 밥 먹을 때마다 애들을 윽박지르면 건강에 이상을 초래할 수 있다. 밥을 빨리 먹고 자리를 뜨려는 습성이 길러져 대화가 더욱 멀어진다. 노이로제에 이어 스트레스가 쌓이고 증후군 현상이 생기면 위험하다.

　가장 문제가 되는 것은 인터넷 중독이다. 전문가들의 말을 빌리면 중학생들이 자극성 심한 게임을 하여 뇌의 전두엽이 파괴되어 예측 불가능한 행동과 치열한 싸움을 한다는 것이다. 실제로도 사건이 일어나서 확인된 바 있다.

　중학교 여교사가 말을 듣지 않고 반항하는 제자들을 경찰에 고소한 바 있다. 평소에 엄마가 온라인 게임을 점검해 보고 아이가 어떤 게임을 좋아하는지 직접 해보면서 친해져야 한다. 어른들이 게임에 대한 지식이 있어야 말을 잘 듣는다. 게임 즐기는 시간을 정해서 인정해 주고 숙제나 예습을 반드시 하도록 확인해 보아야 한다.

　어렸을 때, 게임에 중독되면 책과 멀어져 위인전 하나도 읽지 못해서 인생 목표가 세워지지 않는다. 자연을 사랑하는 마음이 없고, 정서가 부족하고 자기 통제력을 잃어서 온라인 게임에 움직이는 로봇이 되고 만다.

　고등학교에 올라가면 대학 진학을 하느라고 조금 주춤하다가 대학에 가면 등급 올라간 기분으로 멈추지 않는다. 군대에 가서도 PC방에서 하던 버릇이 나와 돌발사태를 일으킬 가능성이 있으며 제대를 하여 취직이 되지 않으면 PC방이나 집에서 방콕 생활을 즐기게 된다.

　주부도 예외는 아니다. 여학생 시절에 인터넷에 중독되어 있으면 어린애에 무관심할 수 있다. 엄마 노릇을 하기가 쉬운 일이 아니다.

옛날 농경사회에서는 아이들을 자연스럽게 키워서 농사일을 가르치고 따로 산림을 내주면 잘들 살았다. 21세기의 정보화 시대를 살아가는 데는 엄마가 정보를 공유하지 않으면 항상 뒤지는 생활을 해야 한다.

우리 사회에서 좋은 친구, 나쁜 친구를 구분 짓는 것부터 없애야 한다. 자기 아이들의 잘못을 덮어둔 채 남의 아이들만 나쁘게 생각하는 경향이 있다.

평소에 아이와 대화를 자주 하며 감정을 파악하고 아이 친구의 정보도 서슴없이 얻어내야 한다. 친구 사귀는 문제에 대해 전혀 끼어들 필요가 없다. 다양한 친구들이 집에 놀러 오는 것을 환영해야 한다. 여러 성격의 소유자를 많이 상대해야 지능도 발달하고, 똑똑해진다. 아이의 성장 속도에 따라 인격적으로 꾸밈없이 대처해야 한다.

아이와 이야기할 기회를 자주 갖기 위해서는 엄마가 여러 정보매체를 통해서 지식을 습득해야 한다. 엄마와 함께 행동하는 습관을 기르려면 자원봉사를 하면서 같이 다니면 좋다.

취미 생활도 존중해 주며 국가나 가정을 생각하는 교육을 실천하도록 유도해야 한다. 예를 들면 옥상이나 뜰이 있는 집은 상자 텃밭을 만들어 채소를 가꾼다. 빗물을 많이 받아 두었다가 수돗물을 아껴 쓰는 것이다. 이러한 생활 속에서 봉사정신이 싹트고 부모에 효도하는 마음이 저절로 생긴다.
 엄마 노릇을 잘하는 방법은 말로 지시를 하기보다는 좋은 일을 꾸준히 실천하며 행동으로 보여 주는 것이다.

자살 신청을 하고 싶은 여자

죽으려면 무슨 짓을 못해? 옛날 시골 아낙네들이 우물가에서 자주 쓰는 말이다. 사람이 죽는다는 것은 쉬운 일이 아니었다. 전쟁을 겪은 사람은 남이 죽이는 것만을 상상할 뿐 자신이 자신을 죽인다는 것은 어려울 뿐더러 부모에게 불효하는 것으로 생각했다. 그로부터 수십 년이 지나면서 각종 병과 생활고에 시달리다가 죽는 사람이 늘어났다.

그때까지도 무엇이 잘못되어서 죽을 수도 있구나 하는 생각이었다. 장기 집권으로 인한 정치적 타살의 소문이 돌고 부모의 결혼 반대, 배우자의 치정사건, 연인의 배신 등으로 자살하는 사람이 생겼다. 이러한 일들이 신문이나 방송에 자주 보도가 되자 비슷한 상황이 발생하면 자신도 죽을 수 있을까 한 번쯤 생각해 보는 사람이 늘어났다.

2009년 시점에서 문화 수준이 높아졌음에도 자살 숫자가 줄지 않고 하나의 질병으로 취급을 하고 있다.

자살의 원인을 단적으로 말하기는 어렵다. 자살자의 환경이 판이하게 다르고 나이를 불문하지 않는다. 입시 과열 경쟁으로 인한 청소년들의 자살에 이어 왕따를 당하고 자존심이 몹시 상해 자살을 하기도 한다. 중년층에서는 도박이나 사업 실패로 인한 자살이 이루어지고 노년층은 질병으로 인한 신체적, 경제적으로 타격을 받을 때 인생에 더 이상 미련을 두지 않는다. 젊은 남성은 충동적으로 빠른 판단을 하여 즉시 시행한다. 젊은 여성과 노인 남성의 경우는 공통점이 있다. 앞으로의 삶이 부끄럽거나 어떤 이유에 의하여 도리어 삶에 자신이 없을 때 자살 계획을 세워서 반드시 실천하고 만다.

여성들은 어떻게 하면 쉽고 편하게 죽을 수 있을까를 생각한다. 인터넷 자살 사이트에도 들어가 정보를 얻기도 하고 동반 자살 의도자들을 만나서 집단 자살을 기도한다. 애인 관계였던 남자에게 찾아와 죽여 달라고 해서 실제로 죽인 사건이 발생했던 것을 보더라도 죽기란 결코 쉬운 일이 아니다. 아무 때나 누구나 쉽게 죽을 수 있는 방법이 있다면 인간은 멸종하고 말 것이다.

그러나 국가에서 자살 신청을 받아들여 언제든지 편히 죽을 수 있는 방법이 있다면 오히려 자살자가 줄어들 수 있다고 생각해 본다. 자신을 반성하고 노력할 수 있는 데까지 노력해 보고 안되면 세상을 편하게 떠날 수 있는 죽음의 권리라도 있는 것이다.

나는 인간의 기본적인 생활양식인 생존적 소유도 없어 그 부족함을 채우기 위해 자살할 겨를도 없다. 바퀴벌레라도 한 마리 더 잡아야 잠자리가 편하다. 자살자의 대부분은 나보다 생활 여건이 좋은 사람들이다.

언론에 보도된 사건이지만 어떤 노인은 지하철에 뛰어들었다가 사람들의 도움으로 살아났다. 그러나 집에 가서 목을 메고 자살하고 말았다. 병도 들었고 생활도 어려운데 더 이상 살 이유가 없는 것이다. 집에서 죽을 수 있는 일을 고통을 덜 느끼고 좀 더 순간적으로 죽으려고 지하철을 선택했는데 실패한 것이다.

우리 사회는 죽지 않으면 안될 운명에 처해 있는 사람이 분명히 있다. 인간의 수준이 여기까지는 미치지 못한다. 세월이 흐르고 흘러 나와 비슷한 유전자를 가진 정치인들이 많이 나오면 새로운 제도가 생길지도 모른다. 인간을 배려하는 마음이 생겨 자살 신청을 심사하여 약물이나 전기의자로 편하게 죽을 수 있는 시대가 올지도 모른다.

현재의 한국 사회는 천인공노할 범죄를 저지른 자들을 법으로 심판하여 죽이지 않고 법을 잘 지키지 않는 제도로 사람을 죽이고 있다. 요즈음은 많이 개선되어 나가고 있지만 교통법규 위반자를 솜방망이 처벌하여 엉뚱한 사람들이 매일 죽어

가고 있는 것이다. 자살 예방이니 투자니 하는 소리는 감언이설에 불과하고 철학자들의 품위 있는 죽음은 다 죽어 가고 있는 호스피스 병동 환자들에게 주로 하는 말이다. 정상적인 사람의 품위 있는 죽음은 생각해야 한다. 동물의 영장인 인간이 아무 데서나 볼썽사납게 죽어야 되겠는가?

여성들의 자살 유형을 살펴보면 여학생은 남학생과 헤어질 때나 부모의 갈등 등이 겹칠 때, 처녀는 성형수술이 잘못 되어 외모 콤플렉스, 주부는 경제적 어려움, 나쁜 소문이 겹치면 자살을 생각한다. 절대적으로 한 가지 이유만으로 자살을 하지 않는다. 누구나 화가 난다는 것은 두세 가지 일이 겹치기 때문이다. 중학생이나 여고생이 성적을 비관해서 자살을 했을 경우 분명히 다른 더 큰 문제가 있다. 가족과 이웃의 따뜻한 관심과 배려가 부족했음을 시인하고 그들의 죽음을 존중해 주어야 한다. 항상 죽는 순간의 고통을 안타깝게 여겨야 한다.

우리 사회는 힘겨운 제도가 있으면 하나씩 풀어주기는커녕 자살의 이유에만 관심이 집중된다. 죽든지 살든지 자유이지만 이기적 자살은 통하지 않고 자신만 피해자가 되고 만다는 것도 부각시켜야 한다. 자신이 죽는 것을 보고 상대에게 고통을 느끼게 하는 방법은 결코 오래 가지 않는다.

또한, 거지가 많은 나라는 자살자가 많지 않다. 한국과 같이 갑자기 잘 사는 나라일수록 자살자가 속출한다. 자존심 문제와 연관되어 있다. 국가의 규범이 개인의 사치를 규제하는 기능을 잃을 수밖에 없다.

　이기적 자살과 개인의 사치는 합리적 판단력과 개인의 자율성 문제이다. 청소년들은 남보다 앞서 나가려는 습관에 젖어 있고 사사로운 이익을 추구하려는 이기적 개인주의 성향이 강하게 자리 잡고 있다. 앞이 훤하게 보이지 않는 맹목적인 경쟁 교육을 받고 있다. 공존과 협동의 윤리보다는 자신이나 가족만을 생각하는 행동양식은 부끄러움이나 죄의식을 느끼지 못한다.

　여성이 어떠한 이유로 자살했을 경우 거의 대부분 사체 점검을 하고 경우에 따라 강간 여부를 알아보기 위해 부검까지 한다. 죽은 후에 자신의 신체가 드러난다는 것에 끔찍하지도 않는가? 나는 한때 여자의 나체를 조사하는 의사가 부럽기도 했다. 이 생각도 이기주의적 개인주의의 발로인 것이다.

　개인주의가 문제가 되는 것은 다른 사람의 권리와 이익을 외면하고 자기의 이익만을 배타적으로 추구하는 이기주의로 변질되기 때문이다. 이와 같이 개인주의로서의 이기적 행동양식은 기성세대에 비해 젊은 세대에서 더욱 두드러지게 나타나고 있다. 그것의 원인은 기성세대는 전통적인 집합주의에 의해 견제를 받아 왔던데 비해 젊은 세대는 전통적인 집합주의로부터 상대적으로 더 많이 벗어나 있기 때문이다. 존속 폭행와 존속 살해 등 가족 파괴형 범행이 꾸준히 증가하고 있는 것이 이를 증명한다.

신입사원들이 직장 생활을 하면서 스트레스를 많이 받고 직장을 자주 옮기는 경향이 있다. 기성세대가 개인보다는 집단의 속성을 요구하는 반면 젊은 세대는 집단의 계획된 목표에 동참하기보다는 개인적 가치 추구에 큰 비중을 두고 업무 시간에도 온라인 동영상을 작동한다. 이 모든 것이 기성세대들이 만들어 놓은 비창의적인 교육 환경과 비문화적인 사회 환경 탓이다.

청소년 시절부터 외형적인 생활 문화와 내면적인 생활양식에 관심을 갖는 것이 자살을 방지하고 건전한 생활을 유도하는 지름길이다.

이라크에서는 살아야 할 사람이나 죽어야 할 사람이 다같이 죽고 한국에서는 살아야 할 사람은 죽고 죽어야 할 사람이 산다. 이라크에서는 자살 테러로 사람을 죽이지만 한국에서는 잘못된 제도로 사람이 죽어 간다. 억울한 죽음이 너무 많이 생긴다. 한가지 예를 들자면 음주운전 사고를 내서 사람이 죽고 엄청난 가족의 파괴를 저질렀는데 억울하게 죽은 사람은 별 볼일 없이 되어 버리고 사람을 죽였던 자는 국가(교도소)에서 먹여 주고 재워 주는 것이다. '차라리 이럴 바에는 나도 죽어 버려야지' 하며 따라서 자살하는 사람도 있다. 국가의 법이 공정하지 못하면 살아 나가야 할 사람은 생존의 욕구가 시들시들해 진다.

가끔 종교인이나 대학 교수는 사람을 죽여서는 안된다고 한다. 사회 질서는 아랑곳없이 성인군자 행세를 하며 사형 제도를 폐지하자는데 누가 무엇이라고 답변하겠는가? 도대체 숫자 개념이 없는 사람들이다. 초등학교로 가서 교편을 잡든지 해서 숫자를 익혀 가지고 와야 한다. 사형수가 계속 늘어나면 교도소를 새로 지어야 한다. 지구촌에서 굶어 죽어 가는 사람들이 많은데 죽어야 할 목숨에 계속 양식을 낭비시키고 있다.

이중인격자들이 많아서 세상은 질서가 안 잡히고 항상 시끄러울 수밖에 없다. 교도행정뿐 아니라 사형수에게도 큰 고통을 준다. 개 중에는 도리어 삶의 의욕이 없어서 죽고 싶은 사람도 있다. 이들이 자살 신청을 한다면 국가가 받아 주어야 한다.

여성의 자살은 개인 비극으로 끝나지 않는다. 여학생일 경우 남을 따라하는 유행병에 걸릴 수 있고 처녀의 경우 여성 부족 현상을 가중시키고 주부의 경우 어린 자녀의 사회 진출 문제에 부작용을 일으킨다.

보건복지가족부는 2008년 12월 자살 예방 5개년 종합대책 2차 사업을 발표하고 올해 예산으로 594억 원을 투입했다고 했다. 주로 지하철역 스크린 도어 설치를 하는데 많이 썼다. 지하철역에 뛰어들 정도의 용기라면 어디에 가서도 죽는다.

돈을 투자하려면 좀 더 본질적인 문제에 접근하여야 한다. 일반적으로 음식이나 밥이 많으면 여유 있게 먹는다. 언제든지 먹을 수 있기 때문이다. 죽는 것도 아무 데나 편히 죽을 수 있는 장치가 보장되어 있다면 잘 죽지 않을 것이다. 사람이 병이 들어 죽는 것은 자연에 순응하는 것이고 자살하여 죽는 것은 질서에 순응하는 것이다.

 지구도 잘 정리하지 않은 채 우주를 개발하는 것이 많은 문제를 야기시키고 있다. 술에 취해 난 우주인이다라고 소리 질렀던 일본의 하토야마 총리가 걱정이 된다.

춤과 관광을 즐기는 여자

　관광버스는 오늘도 쉴 새 없이 전국을 누빈다. 언제라도 여행을 떠나고 싶으면 가까운 곳 집결지에 가면 관광을 할 수 있다. 편리한 대중 교통이다.
　오랫동안 가사 일에 종사하다 보면 하루라도 해방된 기분을 만끽하고 싶다. 관광을 가서 돌아올 때까지의 시간을 인정해 주고 찾지 않는다는 것은 다행이다.
　오늘날 여성들이 세계 여행을 많이 다니는 것도 관광의 연속이다.
　관광의 초기에는 50살에 가까운 여성들이 주류를 이루었다. 나이가 들면 더 이상 놀러 다니지 못한다는 생각으로 친지들의 미래까지 걱정해 주며 노파심으로 똘똘 뭉쳤다.
　여성들의 친목 모임은 남성보다 더 많다. 계 모임도 여러 가지가 있고 사회 활동도 가지각색이다. 사우나 문화가 발달하여 자주 만나는 경우도 있다. 그래서 단체 모임이 빨리 이루어진다.

　요즘은 여성 노인 인구가 부쩍 늘어났다. 관광의 형태도 급속히 발전해서 경쟁시대에 돌입했다. 관광을 하는 사람의 나이도 60세 이상으로 늘어나고 각종 관광 상품이 등장했다. 나이 드신 분들을 염가로 모신다는 핑계로 차 안에서 행사자가 등장하여 장사를 한다. 산악회를 명분으로 삼는 관광은 요금이 조금 비싸며 행사자 없이 바로 직통으로 주선되고 있다. 자주 다니는 사람은 두 가지 상품 중에서 행선지와 자신의 수준에 맞추어 한 군데를 선택할 수 있다.

　똑같은 조건인데 상품이 싸다는 것은 반드시 함정이 도사리고 있음을 직감해야 한다. 아는 사람 없이 혼자할 때는 차 안에서 가장 사람이 많은 팀에 합류하여 단체 행동에 들어가야 한다. 2009년 12월 16일 31명의 사상자를 낸 경주 효도관광 사건은 남의 일이 아니고 한국의 모든 노인들이 당할 수 있는 일들이다. 처음에 2만2천 원을 내고 가려고 했던 곳을 1만 원짜리로 코스를 바꾼 것이 죽음의 길로 들어선 것이다. 가이드와 운전기사는 싸다는 것을 미끼로 건강 보조식품이나 의료 보조기구 파는 장소로 갈 계획을 미리 짜놓은 것이다. 노인들은 싸게 관광을 해서 고마움과 미안함을 느끼고 하자는 대로 동의하고 만다. 노인들에게 더욱 부담감을 갖도록 하기 위하여 무료로 선물을 주기도 했을 것이다. 출발하기 전에 하루의 일과표를 따져 보고 마음에 들지 않으면 차에서 내려야 한다. 마음을 차분하게 정리하고 가까운 소재지로 가서 목욕도 하고 영화라도 한 편 보는 것이 훨씬 상쾌할 것이다.

관광 초기의 모집 대상은 주로 춤을 추러 가는 모임이었다. 일단 관광지에 가면 주위의 눈치를 볼 필요도 없고 마음 편하게 놀다 올 수 있다. 맑은 공기도 마시고 모처럼 편안한 마음도 가질 수 있어서 일거양득이다. 그곳의 식당에는 노래방 기구와 대형 녹음기가 있어서 식사를 마치면 경쾌한 지르박이나 트로트 음악이 나온다. 남자들의 숫자가 적다 보니 낮에 영업하는 카바레에 가서 실습을 해보기도 한다. 어렵게 짬을 내서 배운 춤인데 오래 묵혀 두면 잊어버릴까 걱정이 되서이다.

여성은 스텝이 단조롭고 음악만 잘 맞추면 되므로 빠른 시일 내에 배울 수 있다. 남자는 여러 형의 여자를 자신 있게 리드하는데 2년에서 5년은 걸린다. 나는 경력이 30년이다. 그것도 남을 지도했던 햇수이다.

남자는 직장 문제로 시간이 부족하고 돈도 많이 들어서 항상 부족하다. 예전의 관광버스 기사는 필수적으로 춤을 출 줄 알아야 하고 노래까지 잘하면 인기가 대단했다. 동네마다 단골 여자 모집책이 있어서 계획표를 짠다. 관광이 없는 날은 춤방을 돌아다니며 홍보를 하고 손님을 확보한다.

여자들이 사교춤을 배우는 데는 자존심이 걸려 있었다. 모처럼 관광을 따라갔다가 다들 신나게 노는데 자신만 못할 때 꼭 배우고 말겠다는 결심을 한다. 계 모임이나 잔치, 망년회 때 실력 발휘를 하여 체면을 세우기도 한다. 부부팀도 곧잘 등장한다. 부인이 남편을 춤을 배우게 하여 옆 동네 과부에게 돈을 뺏어 오라고도 한다. 20~30년 전의 관광과 춤의 풍속도이다.

 2006년에 와서는 춤이 개방이 되어 못 추는 사람이 별로 없고 춤에 관심이 멀어진 느낌이 들 정도였다. 2007년도에는 더욱 더 카바레 손님이 줄어들고 콜라텍이나 가까운 노래방에서 시간을 보내는 사람이 늘어났다. 2009년도까지 진행중이며 주로 젊은이들의 나이트클럽만이 성행하고 있다.

 한때는 체형에 맞지 않는 스포츠댄스에도 관심이 많아 남이 하니까 자기 스타일은 생각 않고 무조건 배우기도 했다. 노인정이나 구청, 청소년 수련관, 사회복지관 등에서 저렴한 가격으로 춤을 배울 수 있어서 무도관은 주로 스포츠댄스로 간판을 바꾸고 개인 춤방은 사라지다시피 했다.

 나는 카바레 지배인, 무도관 원장, 사교 볼륨 강남지부장을 지낸 경력이 있어서 은퇴 후에도 변두리 아르바이트 카바레를 출입하지 않았다. 자존심 문제를 떠나 담배 연기 때문이다.

 강남의 자곡동에서 거주한 적이 있어서 회갑 잔치에 6번 정도 참석해서 춤추는 타이밍에 어울려 주었다. 어떤 남자는 나의 뒤에 와서 손목을 잡는다. 자기의 부인을 한번 잡아 주라는 신호다. 자신이 못한 것을 나를 이용해 부인에게 점수를 따는 현명한 방법이었다.

요즈음은 회갑 잔치를 가족끼리 단조롭게 지내지만 1990년대는 뷔페식당에 가서 요란하게 행사를 치렀다. 도시의 변두리 마을은 개발이 되어 외부 사람들이 들어오고 토박이들은 사라지고 있다. 이런 동네는 여러 마을과 연결이 되어 초등학교 동창들이 각 마을에서 터줏대감 노릇을 하고 있다. 소문도 빨리 퍼져서 부부간에도 서로 행동을 조심해야 한다. 춤을 배울 때도 부부가 의논을 한다. 서로 양보를 하거나 부부가 함께 배우기도 한다. 여자들끼리 관광을 가거나 백화점에 갈 때도 눈치 볼 필요가 없다. 마을에 파워가 센 리더가 있기 때문이다. 토박이가 다 빠져나가고 외부 사람이 모여 사는 동네나 아파트촌에서 사는 것보다 오히려 편할 수도 있다. 모든 것이 열려 있는 상태가 서로 단합하는 계기가 된다.

어느 사진작가가 서울의 마지막 보루인 시골 마을을 찍어 전시회를 가졌다. 이제 그 마을마저 도시의 중심으로 편입되어 인심이 사라져 가고 있다.

신도시를 개발할 때는 인구를 집중시켜야 한다. 술집, 식당, 호텔, 시장이 기본 사항이다. 강남의 경우를 보면 신사동 로터리에 카바레가 4개가 있어서 강북의 손님을 유치했다. 리버사이드 남서울 삼정호텔이 생긴 후로 차차 여러 곳에 호텔 나이트가 생기기 시작했다. 서초동 쪽에 성인 나이트가 유행하고 테헤란로 쪽에는 각종 사무실이 생기자 이발소도 늘어나고 대형 예식장까지 생겼다. 그동안 자연스럽게 아파트촌도 형성되어 가고 학원도 늘어났다. 장안평이라는 곳도 무학성 카바레가 아니면 지금까지 몰랐을 것이다. 극장식 카바레로 단장을 하여 일류 가수나 탤런트를 출연시켜 사람을 끌어모았다. 어느 곳이나 개발이 되면 부동산 사무실이 줄 서 있고 술집이 눈에 뜨인다. 어느 정도 인구가 형성되어 틀이 잡히면 술집을 단속하여 몰아낸다. 도시의 형성 과정이다. 초기에는 불법도 어느 정도 용인되나 타이밍을 맞추어 떠날 사람은 빨리 떠나야 한다.

나는 한때 이발소와 인연이 많고 지금도 수서 이발소 안 사장과 각별한 사이이다. 영동시장 쪽은 군대 동기가 이발소를 했고 테헤란로 쪽에서는 고향 조카뻘 된 이가 몇 개의 이발소를 운영하고 있었다. 논현동에 있을 때는 세월 가는 줄을 몰랐다. 매일 이발소에 출근하여 새로운 아가씨가 들어오면 춤을 가르쳐 강남의 카바레를 누볐다. 영업이 잘 되던 시절에는 이쁜 아가씨들이 모여들었다. 웨이터들에게 인기가 좋았다. 부킹하는데 도움이 되고 팁도 잘 주었다.

흔히들 제비족이나 꽃뱀을 춤과 연관시키는데 사건은 전혀 딴 곳에서 터진다. 무엇이든지 프로와 아마가 있다. 춤을 추는 사람은 오직 춤에 빠지고 사기성이 있는 사람은 처음부터 끝까지 사기를 친다. 집안 내력, 성격, 환경, 친구의 부탁, 유흥비 마련 등의 영향을 받는다. 어떤 사람은 절도단으로 활동하다

로또 1등에 당첨되어 땅을 사놓고 손을 씻으려고 하였다. 그러나 끈질긴 협조 부탁을 뿌리치지 못하고 사건에 가담하여 쇠고랑을 찼다.

어떤 사건을 분석해 보면 우연인지 계획된 것인지 알 수 있다. 그 중에서도 눈 뜨고 아웅하는 식이 있다. 당하면서 계속 당한다. 남이 당한 것을 보면서도 자신도 당한다는 것은 자신의 욕심이다. 대체적으로 첫째, 다단계 상품이 있다. 둘째, 상가 분양이다. 한 사람이 전체를 사 가지고 평수를 줄여서 분양한다. 셋째, 자녀 대학 특기생 입학이다. 사기꾼들은 남이 생각하지 않는 사소한 것에 연구를 계속한다. 처음에는 남이 했던 것으로 테스트를 해보고 먹혀들지 않을 경우 새로운 수법을 쓴다. 대체적으로 자신의 용모에 자신이 있다.

내가 어느 여성에게 했던 말이 있다. 공부가 좀 부족하더라도 신체만은 건강하게 키우라고 했다. 나중에 자기 몸값을 다 하기 때문이다.

내가 이발소에 가면 직원이 지르박 스텝 몇 가지만 가르쳐 달라고 졸라댔다. 나는 워킹 스텝과 앞돌리기 후까시 스텝을 가르쳐 주었다. 직원은 우리 팀을 몇 번 따라다니더니 무엇인가 감을 잡고 혼자 다니기 시작했다. 주로 수준이 있는 극장식 카바레에 다니면서 웨이터들에게 건설회사 사장이라고 했다. 웨이터도 여성 손님에게 사장님과 춤을 한번 추어 보시라고 한다. 여성들은 남성의 춤솜씨를 그냥 느낄 수 있다. 리드도 없고 블루스도 못 추는 것에 대해 호감을 살 수 있다. 키도 크고 체격도 있어서 순진한 건설회사 사장으로 대화가 이루어진다. 말이라고 하면 이발소 직원 따라갈 사람이 없다. 웨이터에게 팁도 두둑이 주었다. 어느 날 직원이 출근을 하지 않았는데 제주도라고 하며 전화가 왔다. 여자와 놀러 갔다는 것이다. 여성에게 백오십만 원을 빌렸다고 했다. 이발소 아가씨들이 저질이라고 소곤거렸다. 여성 측에서는 다행스러운 일인지도 모른다. 제비족은 돈을 빌리지 않는다. 항상 큰 것을 노린다.

  제비족의 필수조건은 운전이다. 자가용이나 개인택시가 포함된다. 신분이 노출되어서 상대방에게 안정감을 준다. 차로 멀리 떠날 수도 있고 집 가까운 곳에 바래다 줄 수도 있어서 편하게 이용할 수 있다. 여성들은 불편함을 참지 못한다. 우선 편한 것을 선택한다.

  여자들과 제비족 이야기가 나와서 이야기한 적이 있다. 요즈음은 최소한 2억에서 2억5천 이상이 있어야 제비족을 할 수 있다고 했다. 고급차에 방 한 칸은 있어야 한다. 요즈음 부모들은 고등학교만 졸업하면 딸이건 아들이건 간에 공백 기간을 이용해서 운전면허를 따도록 한다. 운전을 안하고 장롱면허가 될지언정 언젠가는 꼭 필요하다. 또한 자신들이 운전을 안할 경우 애들을 이용해 차를 사서 시장도 보고 여러 가지로 이용한다. 제비족의 후보에 오른 셈이다. 일단 운전을 하지 않는 사람은 98% 정도 이상이 제비족이 아니라고 장담할 수 있다.

특히 50대 후반에서 60대 이상의 남자 중에서이다. 물론 70대 남자가 자신의 여자 친구에게 몇천만 원짜리 자전거를 사주고 같이 다니는 경우도 있다.

옛날 재산이 많고 뼈대 있는 가문이라고 하면서 권위의식을 갖고 있는 사람들이 있었다. 현재도 사회의 저명인사가 되어서 활동하고 있다. 운전을 하수인들이나 하는 것이라며 운전을 배우지 않았다. 대개 성격도 고지식하고 남에게 아쉬운 소리도 할 줄 모른다. 대부분 장남이며 부인도 현모양처를 만난다.

나 같은 경우는 특이한 현상이다. 장남도 아니고 부모덕, 외가덕, 처가덕 등 여자의 덕을 전혀 보지 못하고 자라서 여자는 무서운 존재라 여기고 운전은 게을러서 배우지 않았다. 그리고 국가의 도로교통법이 마음에 들지 않았고 자동차 사고를 낸 사람들의 처벌이 마음에 들지 않은 것도 운전을 배우지 않은 이유 중의 하나이다. 지금도 가끔 이야기를 한다. 운전을 하고 다녔으면 지금쯤 여자들을 몇 트럭을 싣고 다녔을 거라고…. 여성들이 운전을 강력히 배우라고 했으면 면허증을 땄을지도 모른다.

만약을 대비해서 늙어서 쌀 장수라도 할 거라며 인천 동경지배인 시절 오토바이 면허를 따 놓았다. 혹시 산에 올라가서 산다면 자동차보다 더 유리할 것 같아서다.

조카의 이발소 민양이 나의 생일날 방배동 자기 집으로 초대해 놓고 하는 말이 지금도 귀에 생생하게 울린다. "그 나이에

써금털털한 자가용이라도 한 대 있어야 하지 않겠느냐"는 것이었다. 조카는 그랜저를 타고 다니고 있었고 민양이 일 년 동안이나 나를 따라다니며 투자를 했는데 친척 집도 데리고 가지 않을 뿐더러 나의 방도 구경시켜 주지 않았던데 대한 불만이었다. 나는 선천적으로 제비족과는 먼 성격이었다.

바둑으로 교훈을 얻는 여자

사람이 육체적으로 건강하려면 정신력이 강해야 한다. 어떠한 생각을 하고 있느냐에 따라 신체에 미치는 영향이 크다. 마음이 편하다는 것은 좋은 생각을 하고 있으며 심장에서 정상적인 피의 순환이 이루어지고 있는 것이다.

생각은 인간 행동의 모든 시작의 원천이다. 태초 인간의 생각과 현재 자신의 생각이 연결되어 있어야 한다. 바둑은 연결의 진리를 터득하게 한다.

세계의 모든 집단사회는 논쟁과 분쟁이 끊임없이 일어난다. 서로 대립하면서도 상호 의존하고 보완하면서 밀접하게 연결되어 존재한다. 각 나라의 법이 세계 질서에 영향을 미친다면 공동체의 국가로부터 규제를 받는다. 바둑에서는 공격과 방어, 응수타진, 극약 처방, 변신 등을 포석, 중반, 끝내기를 하는 동안 많이 경험한다.

　동양 3국(한국·중국·일본)을 중심으로 세계는 연결되어 있다. 한국은 연결을 잘하는 기술로 세계를 재패하고 있다. 바둑은 연결을 잘해야 승리한다.

　한국의 여성들은 국내의 경지를 벗어나서 세계 각국에 나가 바둑 보급에 열중하여 인기가 대단하다. 각 지역마다 여성 기우회가 조직되어 있어서 지역 사회 발전에 큰 공헌을 하고 있다. 전국에 바둑 교실이 생겨 세월이 흐르는 동안 프로 기사들을 많이 배출시켰다. 그중에서도 권갑룡 도장이 유명하다. 그의 딸인 권효진 양은 한·중 바둑 커플 1호가 되었다. 한국 내에서도 프로 기사 커플이 몇 쌍 탄생했지만 앞으로 한·중, 한·일 바둑 커플이 많이 나올 가능성이 있다. 인터넷에서 활동을 해왔던 조혜연 양도 외국인들을 위하여 영문사활 창작집을 내서 세계 50여 개국 팬들에게서 많은 호응을 얻었다. 일본이 세계 바둑 보급에 앞장서 왔으나 한국 여성들이 세계를 잠식시키고 있다.

　바둑을 둘 줄 모르는 사람은 정치, 군사면에서도 응수타진을 할 줄 모른다. 한국의 이명박 정부는 초창기에 비핵 3천의 슬로건은 좋았으나 아무 소득이 없는 인권이나 잡다한 문제의 아킬레스건을 건드려 전 정부까지 이어 온 남북관계가 자존심 싸움으로 번지기 시작했다.

　미국은 힘이 있는 나라여서 중국이나 북한에 하고 싶은 말을 해도 그때는 기분 나빠도 또 협상을 해야 하기 때문에 별 문제가 되지 않는다. 그러나 집권 중반기에 들어서서 이 대통령의 대외 활동이 활발해져 한국의 위상이 높아지자 북한도 변하여 남북 정삼회담에 응할 자세를 취하고 있다.

보수 단체들은 2009년 6월 4일 서울 용산구 전쟁기념관 광장에서 북핵 완전 폐기때까지 한미연합사는 존속해야 한다고 목소리를 높였다. 이에 대해 국방부는 2012년 작전권 전환은 예정대로 진행된다고 했다. 한미 양국이 합의한 사항을 파기하려면 그에 따른 대가가 따르기 때문에 재고할 상황이 아니다라는 입장이다. 미국인들이 한국인들을 어떻게 생각할지 대단히 부끄럽다. 미군이 한국을 떠난 것도 아니고 전쟁이 일어나면 어차피 미군의 작전과 연장선상에 놓여 있다. 그렇다 치더라도 3년이나 남아 있는데 그 안에 핵 문제를 해결해야지 앞뒤가 맞지 않는 성토다. 서거한 지 며칠 되지도 않았는데 노무현 전 대통령 운운할 필요도 없다. 그때 그때 상황에 따라서 정부가 잘 대처해 나가면 된다.

바둑에서는 응징을 못하면 상대가 공격을 해온 만큼 손해를 본다. 북한에서 6·15, 10·4선언 등의 약속을 깨뜨리고 서해 바다를 침범한다면 온 국민이 죽을 각오로 그에 대한 응징을 반드시 해야 한다.

여성 기사들에게 가끔 여성 전사라는 단어가 따라다닌다. 그만큼 응징을 잘하는 것이다. 타이틀전에서도 남자 기사들과 싸울 때 조금도 물러섬이 없다. 상대가 무리하게 악수나 함정수를 구사하면 가차없이 해결사를 투입해 응징해 버린다. 끝내기 실력도 대단하다.

 세상의 모든 일이 끝내기가 잘되면 좋으련만 바둑 끝내기의 한 집, 반 집에서 교훈을 찾아야 한다.

승과 패

 스포츠 게임에서 한국 선수가 외국 선수에게 지면 관심 있는 팬들은 실망을 한다. 특히 축구의 한일전에서는 꼭 이겨야 하고 중동의 라이벌전에서도 경기의 내용이 일방적으로 우월했는데도 승점을 올리지 못할 경우 몹시 실망을 한다.

 바둑에서도 다 이긴 바둑을 패가 벌어져 역전패 당했을 때 여러 가지 이유를 댄다. 실수를 했든 끝내기를 잘못 했든 모두 실력에 해당된다. 바둑을 스포츠로 분류하는 것은 체력과 정신력의 게임으로 승패가 갈리기 때문이다.

 축구의 전반전은 바둑의 포석과 중반 전략 전투이다. 후반전은 후반 전투의 수습과 마무리이다. 모든 경기나 인생살이에서도 마무리가 중요하다. 승부의 세계에서는 오직 승점을 올리는 것만이 답이 된다. 운동 시합은 그날의 컨디션과 커뮤니케이션, 팀워크 등도 중요하지만 사기가 떨어지면 콤비네이션이 이루어지지 않는다.

  바둑에서 상대에게 주눅이 들면 자신감이 떨어져서 올바른 착점을 못한다. 운동 시합과 바둑의 다른 점은 운동은 정해진 시간이 다 흐를 때까지 싸워야 하나 바둑은 자신이 없으면 중간에 자포자기를 할 수 있다. 그래서 바둑과 인생은 닮은꼴이 많다고 한다.

  모든 스포츠는 승점을 중요시한다. 자살골도 승점이다. 바둑은 패인에 무게를 둔다. 앞으로 그것에 대한 실수를 하지 않기 위한 다짐이다. 스포츠나 바둑이나 인생에서 가장 문제가 되는 것은 패착이다. 그것을 더 세밀하게 분석하면 실착, 악수, 완착 등으로 구분할 수 있다. 고수일수록 악수나 완착을 둘 수 있으나 패착은 잘 두지 않는다.

  바둑으로 꾸준히 수양하면서 정석으로 나아가려고 노력한다. 세계 제2차 전쟁 때 패착을 둔 위인들을 다시 한 번 되새겨 본다.

변신

  평범한 사람들은 생활의 변화 속도에 대해서 잘 느끼지 못한다. 개인보다는 가족 집단의 중요성이 크게 자리 잡고 있으며 직업도 한정되어 있다. 좀 더 가치를 창출하여 삶의 보람을 느끼고 싶지만 무의식적인 도피 현상이 나타나서 쉽게 판단을 내리지 못한다.

경제가 어려워질수록 소비자의 마음을 알 수가 없어서 기업가들은 항상 변신할 준비를 하고 있다. 직장을 구하는 사람들도 기업가의 마음을 몰라서 죽기 살기로 변신할 수밖에 없다. 시골에서 한 가지 일에 종사하다가 도시에 와서 여러 가지 직업을 바꾸는 것은 변신이라기보다는 닥치는 대로 사는 것이다. 변신은 확실한 색깔을 지녀야 한다.

어느 분야에서 성공한다는 것은 자신에게 주어진 일을 시장에서 얼마만큼 인정받느냐에 달려 있다. 사회에서 요구하는 조건을 충족시키지 못하면 실패의 원인이 된다. 자신이 알고 있는 것과 경험했던 일로 목표 설정을 하였을 때, 타인을 확실하게 인식시킬 수 없을 때 변신하는 것이 유리하다.

바둑을 두면서 세력을 공격하는데 이용하다가 집으로 변신하는 수가 있고 모양을 크게 집을 만들려다 세력으로 써먹기도 한다. 적을 강하게 몰아붙이다 유연하게 타협한다. 유연하게 집짓기로 나가다가 갑자기 뛰어들어서 칼을 빼들고 날카롭게 공격한다. 바둑의 중반전이 끝나고 끝내기에 들어가기 전까지는 상대의 변신을 항상 경계하고 긴장하여야 한다.

정치인들도 자기 당의 국회의원들이 많이 당선될 때까지 인내력으로 기다려야 한다. 숫자가 부족한 당이 어거지로 투쟁만 한다고 해서 인기가 올라가지 않는다. 사회 생활을 하면서 평상시에는 이웃간에 사이좋게 지내다가도 사소한 일에 폭력으로 돌변한다. 돈거래를 하면서도 신용이 좋을 때는 유대관계가 좋다가 약속을 어길 때 채권자와 채무자로 변하여 갖은 모욕을 당한다. 항상 최악의 상태를 예견하고 상대가 어떻게 변신할 것인가를 염두에 두어야 한다.

공격과 방어

 공격의 방법은 목표물을 향해서 천천히 유연하게 쫓아가는 것과 급하게 몰아치는 직선적이고 적극적인 수단이 있다. 바둑에서 살펴보는 전자는 모자를 씌워 놓고 주위에서 한 칸씩 뛰어나가며 간접적인 공격을 하는 것을 말한다. 후자는 날일자로 공격하거나 건너 붙여 직접 끊어서 사생결단을 하는 것이다.
 바둑이나 모든 인간사에서의 공격은 때를 기다려야 한다. 자기의 세력이 튼튼해질 때까지 움츠리다가 타이밍과 목표 설정을 정확히 해야 한다. 동네 아이들 패싸움이나 국회의원들 난동사건도 비슷한 현상이다. 숫자가 적으면 참고 기다렸다가 세가 확장되면 그만한 대가를 취하면 된다.
 국가와 국가 사이의 싸움도 동조국이 많이 생길 때까지 방어 태세를 갖추어야 한다. 미국과 이라크의 전쟁도 주위를 점령

한 후에 좀 더 많은 나라를 설득시키고 테러와의 전쟁에 대한 명분을 세웠으면 물적 인적 피해를 더 줄일 수 있었다. 이왕 테러와의 전쟁을 벌였으면 여세를 몰아 테러를 뿌리 뽑을 수 있는 전략을 강력히 추진해서 테러를 일으키는 지역을 완전히 소탕시키는 작전을 구상했어야 했다. 세계의 어느 나라를 막론하고 테러나 시위를 하는 나라는 옐로카드를 주어서 점수를 매겨 제재를 가하여야 한다. 전쟁을 시작한다는 것은 어려울 뿐더러 환경오염으로 스스로 멸망하는 길이다.

  미국은 세계 질서를 정리할 기회를 놓치고 말았다. 미국이 중동 지역에서 테러와의 전쟁을 벌였지만 결과적으로 인적 물적 손해만 보았지 해논 것이 없다. 테러는 더 많이 지속적으로 일어났고 각 나라마다 시위가 끊이지 않고 있다. 미국의 위정자들이 바둑을 둘 줄 알았다면 판단력이 뛰어나서 마지막까지 끝내기를 잘 했을 텐데 아쉬움만 남는다.

축대와 다리 점검

  겨울에 얼었던 자리나 축대를 점검해야 한다. 봄에 정비해 두지 않으면 여름의 장마철, 가을의 태풍에 허물어질 수 있다. 이 문제는 공무원뿐 아니라 집을 가지고 있는 모두에게 해당된다. 동네 하수구 점검, 소독뿐 아니라 산동네에 사는 사람들은 빠져나가는 통로를 확인하여 산사태를 미연에 방지해야 한다. 정부를 믿기 전에 자신이 먼저 점검하여 생명의 안전을 유지해야 한다.

바둑의 중반 전투를 위해서 자기 진영의 부실한 곳부터 점검하여 연결시켜 놓아야 한다. 상대가 봉쇄를 해놓고 헛점을 질러 공격해 올 경우 양쪽이 갈라지면 따로따로 두집 내고 살기 어렵다.

묘수와 네거티브

무슨 일이 잘 안 풀리거나 선거에서 불리한 상황이 전개되면 묘한 대책이 없을까 하며 전전긍긍한다. 단번에 형세를 뒤엎을 만한 기발한 묘수를 찾으려고 애를 쓴다. 묘수는 흔히 볼 수 있는 수가 아니다.

바둑 한 판이 끝날 때까지 묘수가 등장하지 않는 판이 허다하다. 좋은 수란 자연스럽고 무리가 없는 보통의 수를 의미한다. 평범한 것이 모여서 양수를 만든다. 평범한 수를 두고 있을 때 상대가 무리수로 공격해 오면 적의 움직임에 따라 대응하며 지극히 당연한 보통의 수로 계속 두었던 평범한 수에 연결한다. 상대는 좌충우돌하며 벽에 부딪쳐 쓰러진다. 바둑 해설가들은 기발한 묘수라고 평한다.

선거에 입후보해서 한방에 무너질 정도라면 그 사람은 이미 선택받지 못했을 것이다. 선거 분위기가 부정적으로 흐르고 서로 상대방의 약점을 들추어내다 보면 처음 시작한 쪽이 손해 보는 경향이 있다. 먼저 당한 쪽은 이미 지나간 케케묵은 사건을 들추어내어 부풀려서 자기가 당한 만큼 소문을 낸다. 언론에 보도되면 황당하다. 그 사건을 아는 사람은 고인이 되었거나 몇 사람에 불과하다. 유권자의 입장에서는 긴가민가 의문점만 남는다. 처음에 제기했던 것은 분명히 잘못된 사항임에도 불구하고 차차 희석되어 가며 동등한 입장이 되어 버린다. 네거티브를 시도했다는 나쁜 이미지만 남고 여자 후보 쪽에서 먼저 했다면 상처가 더욱 크고 여론조사에서도 뒤지고 만다. TV 토론에서도 온 국민이 지켜보는 가운데 상대방 후보에게 인신 모욕 발언을 하여 시청자들을 실망시킨다. 이 사람들이 과연 대학교에서 교양과목을 이수한 자들인지 의심스러울 정도다.

정치 구도도 미국에서 따가지고 와서 분단국가로서 맞지 않는 형태를 이끌어 가고 있는데 네거티브도 미국의 영향을 받았다. 권력을 등에 업고 핵심 역할을 했던 사람이 갑자기 돌변하여 자기가 모셨던 사람을 비판하고 책을 내서 수입을 올린다. 미국인들은 경선이나 본선 때에 항상 유머스럽게 상대방을 공격하기 때문에 감정을 사지 않는다.

한국인들은 감정이 앞서 죽일 듯 살릴 듯 악의적이어서 유권자들의 마음을 사로잡지 못한다. 선거가 끝나고도 계속 후유증이 오래 간다. 팬클럽도 자칫 후보를 돕기는커녕 과잉 충성으로 역효과를 나타낸다. 손해를 보는 일을 자초하면서 유권자들에게 스트레스를 준다. 자기의 지역적 기반만 믿고 오기와 정치적 색깔만 내며 자원봉사를 안 하고 차기 집권만 바라보는 의원들을 보면 그 지역 주민이 더 미워질 때가 있다는 것을 알아야 한다. 세종시 문제가 좋은 예이다.

상수의 횡포

고수라는 용어는 장기, 바둑, 포커뿐 아니라 각 전문 분야별로 고루 쓰인다. 세계적인 나라의 고수는 선진국이다. 선진국이 되어 있는 나라는 전쟁을 많이 해본 경험이 있다.

유럽 쪽에 있는 나라들은 좁은 땅덩어리에서 국토 분쟁이 생겨 수없이 많은 전쟁을 치루었다. 한국은 유럽 쪽에 비교하면 아주 순진한 나라이다. 남의 나라를 정복해 본 적도 없고 싸움도 못해서 당하기만 했다. 그 결과 현재까지도 외세에 의해 남북이 갈려 있고 후진국인 것이다.

바둑에서도 쉽게 이해할 수 있다. 고수가 되려면 상수들과 수없이 많은 대국을 벌여 경험을 쌓아야 한다. 중반 전투의 접전에서 수읽기 능력이 생기고 초반 작전의 구상과 끝내기의 정교함도 익힌다. 고수들이 오랫동안 자기 아성을 지키며 상전 노릇을 하다가도 언젠가는 후배들에게 추월을 당하고 만다. 새로운 연구를 하지 않는 사이에 고수의 수법을 다 알고 사고방식까지 터득하여 무너뜨린다.

21세기 와서 실제로 똑같은 상황까지 벌어졌다. 아프리카 연안지역의 소말리아인들이 수에즈 운하 등을 통해 오가는 배가 많아서 납치하여 돈을 뜯어냈던 것이다. 원양 어선은 무장을 할 수 없는 것과 공해법상을 교묘히 이용한 것이다. 한국의 배도 174일 동안이나 구금되었다가 풀려난 적이 있다. 주로 아시아 쪽 배를 납치하다가 자원과 무기가 확보되자 급기야는 거리가 가까운 나라의 프랑스 배를 납치했다. 프랑스에서는 자존심이 몹시 상하는 일이었다. 프랑스가 어떤 나라인가. 한때 세계를 정복했던 나라다. 옛날에 사람 취급도 안했던 족속들이 자국의 배를 감히 납치한 것이다. 프랑스 국방장관은 그 배에 누가 타고 있는 줄 세밀하게 알면서도 한국인도 타고 있다고 했다. 뉴스는 세계에 보도되었다. 세계인들의 초점을 흐리게 해서 일단 체면 유지를 한 것이다. 한국에서는 9시 뉴스에서 그 배는 한국인들이 타지 않았다고 보도했다. 나는 쓴웃음을 지었다. 프랑스는 사르코지 대통령의 지시로 작전을 개시했다. 군함이 전투 태세를 갖추어서 공해상에 배치되고 협상에 들어갔다. 적당한 선에서 타협이 안될 경우 소탕까지도 할 태세였다. 당황한 소말리아 흑인들은 배를 내줄 수밖에 없었다. 세계의 각 통신은 프랑스 대통령의 위상을 높여 주는 뉴스를 전했다.

 만일 한국의 국방장관이 프랑스의 국방장관과 같은 행동을 했다면 신문의 뉴스거리가 되어 장관이 되어 가지고 배에 누가 타고 있는 줄도 모른다고 했을 것이다. 어찌 됐든 현재는 한국 배가 나가서 감시를 하고 있고 아이러니하게도 소말리아인들이 한국 배를 납치하는 바람에 나는 174일 동안이나 구금했던 것에 대한 글을 써서 수필에 등단했다.

 나는 어느 누구보다도 세계 정세에 관심을 갖고 자정 넘은 시간에는 될 수 있으면 해외 특파원들의 생방송에 관심을 갖게 되었다.

 고수들은 하수들의 수를 읽고 있어서 언제든지 만회할 수 있는 기회를 엿본다. 60~70년대의 화투의 지꼬땡 고수들은 시골 마을을 돌며 노름판을 벌여 수입을 잡았다. 바둑도 70~80년대에 내기 바둑을 두면서 상수를 이용해 하수들 돈을 따먹었다. 80~90년대에는 포카판이 젊은이들에게 확산되어 도박의 물꼬를 텄다고 볼 수 있다. 요즘은 인터넷에 여러 가지 도박 사이트를 개설하여 하수들에게 횡포를 부리고 있다.

 오래 전에는 퇴직 공무원이나 군생활을 오래 해서 사회 물정을 잘 모르는 사람들을 골라 바람을 넣고 돈을 잃어 주고 여러 가지 낚싯밥을 던져서 한 개인만을 노렸다. 요즈음은 일정 수준의 하수 다수를 노린다. 그 수준에 맞는 덫을 놓으면 걸려 든다. 자신들의 그룹이 상수라 할지라도 더 높은 상수가 노려 보고 있다. 항상 상수는 존재하고 횡포는 계속된다.

중앙을 제압하라

바둑 격언에 빵때림은 30점이라고 했다. 중앙의 위력을 표현한 말이다. 중앙을 점령하면 모든 것과 연결이 되어 전투시 보급품을 전달하기 쉽고 작전을 펼치는 데도 유리하다.

국가를 다스리는 데도 중앙정치가 튼튼하면 지방정치에 힘이 뻗쳐 안정된 지방자치가 이루어진다. 땅덩어리가 큰 미국은 상원과 하원 의원이 있고 중국은 차세대 주자들까지 정부에 힘을 보태고 있다.

조그만 나라의 한국은 지방자치제도가 필요 없이 중앙의 지시를 받아야 하는데 제도를 만들어 번거롭기만 하다. 한국의 이명박 대통령도 선거가 너무 많다고 피력한 바 있다. 야당에서는 2010년 지방선거에서 중간 평가를 하겠다고 벼르고 있다.

이 대통령은 2009년 12월 27일 중동의 중앙을 점령했다. 한국형 원자력발전소를 처음으로 해외에 수출하게 된 공을 세운 것이다. 아랍에미리트가 발주한 총 400억 달러(47조 원) 규모의 원자력발전소 4개 건설 운영 사업을 수주했다. 미국과 프랑스, 일본 등을 따돌리고 2010년 수교 30주년을 맞는 양국 관계를 전략적 동반자 관계로 발전시켜 세계에 우뚝 섰다.

한국은 중국이나 일본이 안정될수록 유리하다. 일본에서 지진이 크게 발생하거나 중국에서 소동이 벌어져 난민이 생기면 한국도 크게 영향을 받을 가능성이 있다. 2009년 12월 23일 중국의 반체제인사 류사오보가 체제전복 혐의로 징역 11년을 언도받았다. 같은 날 베트남에서도 인권변호사 레 콩딘과 관련 인사 2명이 국가전복 혐의로 기소되었다.

서방국가에서는 재판 과정을 주시하며 꼬집었다. 한국에서도 방송에서 기자가 뉴스를 전하면서 인권 운운했다. 중국은 여러 종족이 살고 있어서 통제를 잘못 하면 질서가 무너진다. 좀 더 강력한 리더십을 발휘해야 한다. 중국이 오랫동안 국경 통제를 소홀히 하여 주변 국가에 피해를 주었다. 미국에서는 성범죄를 저지른 전과가 있고 죄질이 나쁜 범인에게 해서 151년 형을 언도했다. 세상에는 필연적인 것과 우연적인 것이 있다. 필연적인 것은 사물의 본질로부터 반드시 생겨나는 것이며 우연적인 것은 어떤 조건 하에서 생겨나지 않을 수도 있는 사건이다.

중국의 이번 사건 처리는 법치성 속에 잠재해 있는 것으로 체제를 유지하기 위한 필연적인 것이다. 미국의 성범죄 사건은 우연적인 사건으로 국가가 정책을 잘 펴나가면 성범죄가 발생하지 않을 수도 있다.

세계의 모든 변호사들은 인간의 욕구와 욕망을 회유적으로 생각하고 사건을 유연하게 처리하였다. 정치에 관여하지 않고 본연의 임무에 충실할 때 질서를 유지하는데 큰 도움이 될 것이다.

멀지도 가깝지도 않은 여자

나는 일 년에 한 번 만나는 여자가 있었다. 여러 해 동안 지속되다가 연락이 끊길 때는 그 여자가 다니는 절에 전화를 하거나 찾아가서 만날 수 있고 석가탄신일에 등을 달아 달라고 부탁을 했다. 그때 당시에는 너무 오랜만에 만났다고 생각했었다. 그 여자보다 더 중요한 친척이나 고향 친지들을 십 년 동안 한 번도 만나지 않고 수십 년이 지나고 보니 몇 개월에 한 번이라도 만날 수 있는 여자가 있다면 그것도 대단한 행운이라고 생각한다.

생활에 허덕이거나 약점이 노출될 상황에 놓여 있으면 생활에 관계된 사람만을 만나면서 바쁘게 산다. 특별한 직업이 없이 도시에서 하루 세끼를 해결한다는 것은 결코 쉬운 일이 아니다.

나는 지금 어리석은 행동을 했던 지난 일을 아주 후회하고 있다. 연도와 날짜는 기억이 안 나지만 분명히 기철이 부모님의 칠순 잔치를 알리는 엽서가 왔다. 그 잔치에 참석했으면 고향 사람들을 한꺼번에 다 만날 수 있었을 텐데 아쉬움이 남는다.

하남의 검단산 아래에서 오리를 키우다가 다시 서울에 와서 향우회에 모처럼 참석했었는데 그것이 인연이 되어 주소를 알게 된 것이다. 엽서를 보낸 기철이가 몇 년 전에 암으로 죽었다는 소식을 듣고 한없이 슬펐다. 조부님이나 친척들의 죽음에서는 도저히 느낄 수 없었던 슬픈 감정이 쏟아졌다.

김씨의 장남으로 서울에 일찍 올라와서 고생을 많이 했던 것 같다. 나는 학창 시절 방학 때 시골에 내려가면 동네 아이들 군기를 잡는다고 군밤을 한 대씩 때리고 다녔다. 100호가 넘는 시골 부촌이지만 몇 사람이 농사를 독식하고 있어서 대부분 남의 집 농사를 지으려고 애를 썼다. 제대 후에 갔을 때는 아이들이 다 커서 서울로 올라가고 마을이 텅 비어 있었다. 아이들이 또 자라서 마을 앞의 중·고등학교를 다니고 있었다.

마을의 주 세대는 이씨 가문인데 가끔 사이사이에 타성이 끼어 살았다. 엽서를 보낸 기철이네도 타성이며 부모가 오랫동안 같이 살아서 일가와 다를 바 없었다. 그것은 마을의 대소사에 참석하고 모난 일은 하지 않았기 때문이다. 기철이의 막내 여동생은 중학교에 입학하여 동네 아이들과 잘 어울려 놀았다. 나는 그 집 앞을 지날 때면 그의 막내 여동생을 아주 처량하게 생각했다. 언니들은 시집을 가거나 도시로 올라가고 오빠도 서울에서 사는 것이다. 다른 애들은 항렬이란 계급이 있어서 오빠 또는 아제라고 부르지만 그 애는 타성이어서 아이들 눈치만 보았다. 더군다나 나의 친구가 중학교 영어 선생으로 부임해서 선생님의 친구라 더욱 거북스러운 것이다. 그 애의 아버지도 너무 정직했다. 농사가 별로여서 농번기가 끝나면 가끔 논 매매를 성사시켜 용돈을 얻어 쓴다.

할머니와 나와 재산 싸움이 벌어졌을 때 내가 장손 역할을 하는 걸 알고 나의 편을 들어 주었다. 할머니가 논을 내놓았을 때 나의 말을 듣고 일절 매매에 뛰어들지 않았다. 나는 논 매매에 관여할 수 있는 몇 사람을 쫓아다니며 나 모르게 논을 매매하는 사람은 다음 날이 제삿날이라고 했다. 나를 주시했던 그분의 눈빛이 지금도 선하다.

칠순 잔치 날짜가 보통 토요일 아니면 일요일이다. 분명히 나는 강남의 고스톱판에 놀러 갔든지 경마장에 따라갔든지 둘 중에 하나일 것이다. 조금만 더 생각했으면 칠순 잔치에 참석했을 텐데 생각할수록 아쉬움만 남는다. 더군다나 장남은 세상을 떠나고…. 막내 여동생과 그의 친구들 중 조카뻘 되는 아이들 얼굴이 선하게 떠오른다. 지금 40대 중반의 나이로 어디선가 살고 있을 것이다.

친구는 주로 2학년을 담당했는데 마을 3학년 조카뻘 되는 애들도 자주 놀러 왔다. 집은 대지가 천 평이 넘는 대궐집이어서 내가 혼자 살며 사랑채 방을 하나 주었던 것이다. 친구는 미남 총각 영어 선생이어서 학교에 들어서면 여학생들의 함성이 울려 퍼진다.

나도 오래 된 향우회 주소록을 보고 그때 중학교 3학년이었던 조카뻘 되는 여자에게 전화를 걸고 서로 안부를 물었다. 감회가 새롭고 신기하기도 했다. 나의 입에서 조카의 친구 이름이 몇 사람 떠올랐던 것이다. 나는 그 후로 여자를 보면 "15+○=○"로 계산을 하는 버릇이 생겼다. 40대는 거의 제자 또래로 계산을 하는 것이다. 그러나 곧바로 계산을 멈추고 만다. 한국의 40대는 얼마나 똑똑하고 어른스러운가?

친구는 고흥 포두중학교로 전근을 간 후로 연락이 끊겼다. 제자의 언니인 조카뻘 되는 여자와 결혼까지 해놓고도 나를 찾지 않는 것이다. 고향 사람들을 통하면 연락처를 알 수 있으나 나도 연락을 안 하고 있다. 인생은 허무하다. 참으로 허무하다. 조금만 신경을 쓰면 다 만날 수 있는데 자주 보는 사람만 계속 만나고 있는 것이다. 나는 가까운 친척 중에서 재산이 없으면서도 가장 행운아일 줄 모른다. 시골에 자주 왕래한 바람에 언제든지 만날 수 있는 자원이 풍부하다. 멀지도 가깝지도 않은 여성들을 만나 옛 추억을 믹서할 수 있는 것이다.

강남구 자곡동에서는 회갑 잔치에 여섯 번이나 참석하고도 정작 가야 할 곳은 빼먹은 것이다. 도시 사람과 고향 사람과의 사귐도 느낌의 차도가 크다. 고향 사람들은 삐질 일이 있어도 언젠가 다시 재회할 기회가 있지만 도시에서 뜨내기로 만난 사람은 한번 헤어지면 영원히 헤어진다.

나는 초대받고 못 갔던 대가를 치를 각오를 해야 한다. 장남이 일찍 세상을 떴으니 누나나 동생들을 만날 계획을 세워야 한다. 앞으로는 어떠한 일이 있어도 향우회나 모임에 참석해야 한다.

노무현 전 대통령의 서거를 슬퍼한 것도 정치를 잘했건 못했건 그것을 떠나 고향에 가서 마을 사람들과 다시 어울리고 챙겨주는 것에 깊은 감동을 받았기 때문이다. 시골에 뿌리를 두고 연정을 느끼면서 사는 사람들이 많은 것이다.

고향 사람들은 앞으로 노력을 하면 만날 수 있지만 나에게 춤을 배웠던 여자들은 만날 길이 없다. 그 중에서도 약수동 산동네의 추억은 잊을 길이 없다.

나는 강북의 상계동과 강남의 신사동에서 아르바이트를 마치고 옥수동, 한남동, 약수동에서 춤방을 시작했다. 같은 계원인 두 여자는 강남과 강북에 살면서 퉁명스럽게 굴었던 내가 무엇이 그렇게 좋았는지 불쌍했는지 알 수 없을 정도로 쫓아다녔다. 내가 없을 때 겨울의 산동네에 와서 연탄불을 갈아 주고 갔다. 논현동으로 이사를 했을 때는 다시는 찾아오지 말라고 혼을 내곤 했는데 집에 내가 들어오지 않은 날에 부엌에서 자고 간 티가 났다. 세상을 마감할 때까지 이 여자의 십분의 일

정도의 여자를 만나기가 어렵다는 것을 뒤늦게 깨달았다.

 내 인생의 불빛은 빠른 속도로 꺼져 가고 있다. 다시 만나서 미안했다는 소리라도 할 기회가 있다면 좋으련만 사람은 빛과 바람의 영향을 크게 받는다. 빛과 바람이 사람의 마음을 조정하는 것이다. 빛은 하나이지만 조화를 이루기 위해 여러 가지 색깔로 나타난다. 바로 자연 속에서 마주 하는 하늘빛, 노을빛, 꽃빛이다. 사람은 동식물과 달리 마음이 있어 빛을 거부할 수 있는 에너지를 발산한다. 사물을 바라보며 생각하고 긍정과 부정을 강하게 하면서도 한 가지 해답을 두 가지 형태로 생각하는 이중성의 행동을 한다. 사람이 이중적이며 양면적인 면을 동시에 가지고 있는 것은 욕망을 발산하기 위해서이다. 본능적인 발산은 빛의 발산이다. 공기가 이동하는 시간에는 사람이 빛을 발산시키는데 시간이 걸린다. 바람이 부는 순간 마음이 변할 수 있다. 바람은 이별과 그림자를 질투한다. 사랑하는 연인들은 거센 바람이 불어 닥치면 그림자를 찾아 헤맨다. 남녀 관계는 가까운 데 있으면 상대의 마음을 어림짐작하여 버리고 만다. 항상 멀지도 가깝지도 않은 곳에서 바라보아야 영원하다.

마음을 다스리는 여자

문화의 발달로 인해 자신의 의사와 관계없이 선택해야 할 일이 늘어나고 있다. 여러 가지 조건 중에서 창업으로 인한 경제적 손실이 부담이 된다. 자신의 가치관과 조화되는 일을 선택하는 과정에서 미래의 확실성이 없는 문제에 부딪치면 옳고 그름을 따지기보다 많은 사람이 움직이는 데로 휩쓸리며 따라가기가 쉽다.

자신에 대한 모든 것을 본인 스스로 잘 안다고 하면서도 마음 다스리기가 쉽지 않다. 대부분의 사람들은 미래는 알 수 없지만 자신감만 있으면 어떠한 역경이라도 헤쳐 나갈 수 있다고 장담한다. 가족이나 친척보다도 사업에 도움이 되는 사람들과 어울리며 장래를 맡긴다. 가족 회의를 거쳐 어떻게 발전해 나갈 것인가에 대해서 의논을 게을리하고 퇴직금으로 밀어

붙여서 사업에 착수하고 만다. 경우에 따라서는 부인의 말 한 마디보다 못한 결과를 초래하기도 한다.

당사자가 장남일 경우 가족이나 친척들에게 엄청난 파장을 일으킨다.

나는 길가에 홀로 앉아 마음을 다지고 있는 80대 할머니를 발견하였다. 아들 3형제 중 장남과 더불어 차남까지도 사업에 실패했다. 셋째는 아직 사업의 길에 들어서지 않고 직장 생활을 하며 안정된 생활을 하였다. 어쩔 수 없이 셋째 며느리가 시어머니를 모시게 되었는데 그 역시 맞벌이 부부로 직장에 나가고 있다. 점심때가 되었는데도 집에 가지 못하고 혼자 처량하게 앉아 있는 할머니는 정정하여 나의 질문에 또박또박 대답을 했다. 장남 집에 있을 때보다도 셋째 집에 있는 것이 불편하지 않느냐고 했더니 마음 편하게 지내고 있다고 했다. 목욕을 할 때 며느리가 도와주느냐고 물어보았다. 딸보다는 더 민망해서 혼자 해결한다고 했다.

나는 자전거로 할머니가 이사 온 아파트를 둘러보았다. 어린이 놀이터는 군데군데 있는데 복지관은 안 보였다. 분양과 임대가 섞인 새로 지은 아파트가 왜 복지관이 없는지 의문이 생겼다. 여기저기에 교회는 보이는데 노인들의 쉼터가 보이지 않았다.

나는 집에 오는 도중 임대 아파트와 분양 아파트가 붙어 있는 곳을 가 보았다. 그곳도 복지관이 없어서 노인정에서 몇 사람이 점심을 끓여 먹고 있었다. 임대 아파트만 있는 지역은 복지관 시설이 잘 되어 있어서 각종 이벤트와 건강 프로그램, 컴퓨터 실습, 건강·교양 강좌는 물론이고 어려운 노인들에게 점심 식사 대접을 해드리고 있다.(수서 명화복지관이 표본이 된다) 임대와 분양이 섞인 곳은 혹시나 돈 있는 사람과 없는 사람이 한데 어울리기가 껄끄러워서 복지관을 짓지 않았는지 땅이 아까웠는지 알 수가 없다. 어찌 됐던 한국인의 물질주의적인 간사스러움이 드러나는 장면이었다.

할머니는 마음을 비워 놓고 있었다. 우선 셋째 아들 집에 있지만 언젠가는 큰아들이 재기에 성공해서 데리러 올 거라는 기대를 걸고 있었다. 대화 도중에도 두려움이나 공포는 전혀 느끼는 감정이 없고 새로 이사 온 동네의 아파트 주위의 풍경을 주시하고 있었다. 세상의 모든 일을 인정하고 첫째나 둘째 며느리에게도 섭섭한 마음도 없다. 긍정적인 사고방식이라기보다는 사업의 실패 원인도 알고 있는 듯했다.

경제가 어려워지면 여성들이 자녀의 학원비라도 벌겠다고 아르바이트를 나가거나 창업을 하여 가게를 꾸려 나간다. 이런 사태를 막기 위해 지혜로운 남편은 직장 생활을 도중 하차하지 않으려고 끝까지 노력한다.

항상 남의 떡은 크게 보이고 자신이 사업을 하면 금방이라도 큰 돈을 벌 수 있을 것으로 생각하기 쉽다. 갑자기 불황이 오면 일반 식당가는 금방 타격을 입고 만다. 종업원 월급과 임대료를 내고 자신의 일당 벌기가 만만치 않다. 사장 행세를 하고 행동하는데 자유스럽겠지만 그만한 대가를 치르기 십상이다.

창업을 할 때는 수요와 공급을 떠나서 언제라도 쉽게 그만둘 수 있는 조건이 구비되어 있어야 마음이 편하다. 권리금이 붙어 있는 가게나 한 건물에 유사한 업종이 있으면 질투가 벌어진다. 먹자 골목은 같은 업종이 널려 있어야 유리하지만 거리 제한이 반드시 필요한 업종도 있다. 아무리 장사가 잘 되어도 한 곳에 십 년 이상 머무르면 안되는 이유가 있다. 10년이면 강산도 변한다는 속담을 믿어야 한다. 나는 늙어서 쌀가게를 하겠다고 하며 25년 전에 오토바이 면허를 따논 적이 있다(앞으로 법이 바뀌어 2종 자동차면허로 오토바이를 탈 수 없어서 가치성을 확보하고 있다). 그러나 10년 전쯤인가 쌀을 수퍼에서도 판매할 수 있게 되어 꿈이 깨지고 말았다.

자전거 수리로 옛날 시골 중학교 앞에서 가게를 하여 논을 샀던 사람도 있었다. 교통이 더욱 발달하여 가게를 집어 치웠겠지만 요사이는 자전거 붐이 일어나 자전거포가 큰 재미를 보고 있다. 사업은 정치나 시대의 흐름에 다 연관성이 있기 마련이다.

나는 대중음식점을 하면서 10년 이상 재미를 보다가 주변 환경의 변화로 고생을 하고 있는 몇 곳을 알고 있다. 어떤 요식업자들은 대통령이 뻥을 치고 있다고 생각한다. 말로는 대출을 해준다고 해놓고 은행에 가면 안된다는 것이다. 자신의 신용

평가가 잘못되어 있음을 잊어버리고 정부 탓을 하고 있는 것이다. 일수를 써서 카드 막기 하듯 하며 돈을 무서워하지 않는 사람도 있다.

어려우면서도 크게 내색하지 않고 극복해 나가는 여자들이 눈에 띈다. 나는 80대 할머니와 50대의 초반 여자에게서 한 가지 공통점을 발견하였다. 두 사람 다 희망이 있어서 오늘의 시련을 편한 마음으로 하루 하루를 지탱해 나간다. 할머니의 둘째 아들이 형님의 사업을 도우려다 같이 실패했지만 곧 재기하여 다시 제자리를 찾을 수 있다고 믿고 있다. 50대의 여자도 빚쟁이들이 수시로 왔다 갔다 하지만 남편이 직장 생활을 성실히 하고 있고 자녀들도 공부를 잘하고 있는 것이다.

하루를 소홀히 하면서 미래를 꿈꾸는 것은 허황된 일이다. 추락할 대로 추락해서도 아직 가게를 하고 있다면 앞으로의 미래는 매우 밝아질 수 있다. 앞으로는 더 이상 희망이 실패의 기억으로 남는 일은 없을 것이다.

몸값을 저울질하는 여자

어렸을 때 여자의 몸값이라는 말을 어렴풋이 들은 적이 있다. 주로 외국 여자 배우들의 풍만한 육체 사진을 보면서 출연료를 따져보는 모습들이었다.

한국의 영화 전성시대에서는 인기 배우들이 젊은이들의 우상이었다. TV 시대에 와서도 탤런트나 가수들의 인기 정도에 따라 출연료의 폭이 컸다.

몸값 하면 뭐니 해도 운동선수들이다. 나는 가끔 사람은 때를 잘 타고나야 하는데 어중간하게 태어났다고 하며 세상을 원망한 적이 있다. 현재의 50~60대는 소질을 개발할 수 있는 환경이 아니었다. 프로 야구, 축구, 골프 등에서 수십 억의 몸값을 챙기는 선수들을 보면 질투심을 느낄 때도 있다. 그 종목 중에서 나도 그만큼 할 수 있는데 기회가 주어지지 않았다고 보는 것이다.

나는 운동 시합을 구경하는 것을 너무 좋아해서 끝까지 보고 오다가 식구들(대가족)에게 자주 혼났다. 어떤 때는 날이 어두워질 때까지 기다렸다가 담을 넘어 부엌에 들어가 저녁밥을 먹었던 일이 자주 있었다.

2009년도 미국 여자 프로 골프에서 이미 3관왕을 차지한 신지애 선수가 올해의 선수상을 간발의 차로 놓쳤다고 눈물을 흘리는 사진과 뉴스를 보고 실망을 했다. 스타일의 격에 맞게 표정 관리를 했으면 좋았을 텐데 어울리지 않는 제스처였던 것이다. 한국 선수들이 우승을 많이 하여 응원을 했던 기분은 사라지고 무슨 놈의 골프 시합이 그렇게 많은지 하는 불쾌한 마음이 들기까지 했다.

여운이 가시기도 전에 '군포 전화방 도우미 살해 암매장 30대 검거' 라는 뉴스가 더욱 마음을 어지럽게 하였다. 범인은 전화방에서 도우미를 불러 화대 8만 원에 성매매를 했다. 두 번째 2009년 11월 19일 오전 11시경에는 도우미가 15만 원을 요구하자 시비 끝에 살해한 것이다.

사람을 해치는 것은 있을 수 없는 일이지만 이것을 배제하고 생각해 보면, 서로 의견이 안 맞을 경우 타협을 해서 절충을 하는 것이 상식이다. 여자 쪽에서도 바쁜 일이 있으면 아예 나오지 말든지 나왔으면 지난 번에 수입을 챙겼던 것을 참작해서 유종의 미를 거두어야 했다. 자신의 몸값이 시간에 쫓길 정도

이면 직업을 바꾸든지 해야지 무리한 돈을 요구하는 것은 상대방에게 기분을 상하게 하여 돈 내고 뺨 맞는 꼴이 되어 기분 전환이 이루어지지 않는다.

남자들은 인력시장에 어렵게 팔려 나가도 기술자를 제외하고는 몇만 원 받지 못하는 힘든 세상이다. 사람을 죽인 범인은 인간미가 도대체 없다. 자신과 성관계를 한 번 맺었던 사람을 고집을 부린다고 함부로 죽이고 돈으로부터 자유스러우려고 한 것은 무지의 소치다. 버릇을 고쳐 주고 싶다면 전화방 운영자에게 말하여 다른 여자와 교체하면 된다. 죽은 자는 말이 없고 자신만 응분의 대가를 받는다는 것은 왜 생각하지 않았는지….

나는 여자가 남자와 성관계를 맺을 때 어떤 이유에서 몸값을 요구하는지 좀 더 소상하게 알기 위하여 복어 여자를 찾아갔다. 야간 삐끼는 중국으로 돌아갔고 상어 여자가 대신했는데 빠지는 날이 많더니 그만두었다는 것이다. 중국 여자가 있을 때는 자기의 여가 시간을 이용해서 일을 잘하는 척 하더니 몇 달 동안 챙길 돈 다 챙기고 자기 책임이 무거워지니 또 배신을 하였다는 것이다. 옛날에 자신 때문에 가게가 피해를 많이 보아서 도와주러 왔다는 말은 거짓말이었다. 상어 여자에게 또 당하고 만 것이다. 택시기사와도 사이가 멀어져서 나의 질문에 대답할 기력이 없다고 했다. 새로온 중국 여자가 상어 여자보다 몸매가 균형이 잡혀 전화위복이 될 것 같다며 위로를 해

주자 말문을 열었다. 성관계시 성기에 상처를 입는 경우는 드물다고 했다. 성관계는 한 사람 하고만 해야 하고 자신은 여러 사람과 성관계를 안 해 보아서 모른다면서도 남자의 성기가 클 경우 약간의 통증은 있을 거라고 했다. 내가 언젠가 해주었던 말이다. 병원에서 자연분만 할 경우 순산이 안되면 질을 째고 꿰매는 작업이 이루어져 질이 작아질 수 있다는데 의견의 일치를 보았다.

각종 유흥업소 성 접대의 수익금은 소개업소와 분할하겠지만 노동의 대가로만 본다면 결코 적은 돈이 아니다. 지난번 연쇄살인사건 때도 사건 내용이 비슷했는데 죽이고 싶을 정도로 얄미운 행동을 했는지 자신의 돈이 여자의 목숨보다 더 아까웠는지 이야기해 보지 않고서는 모를 일이다.

사건을 파헤치는 기자가 없다. 성문제는 민감해서 자칫 나 자신도 욕을 얻어먹을 염려가 있어서 목차에 넣지 않으려고 했다. 사건이 난 후 혹시나 하고 6개 신문 정도의 칼럼을 훑어 보았는데 여성들의 문제를 여성 칼럼리스트들이 입을 다물었다. 5년 전부터 성범죄가 많이 발생하고 있다고 뉴스에 여러 번 보도된 바 있다. 사건이 난 후에도 너무 조용해서 평소에 집창촌을 없앤 것에 대해 잘못이었다는 생각을 했던 나도 다시 한 번 점검을 해보고 싶었다.

초등학생과 대학생 딸을 둔 사람에게 질문을 했더니 대답을 다음으로 미루자고 했다. 여러 가지 상황 설명을 하고 부잣집에서는 등하굣길에 경호원까지 대동한다고 했더니 자존심이 상했는지 그때야 나의 생각에 동조했다.

어떤 70대 할머니는 여자를 죽여서 트렁크에 싣고 다니는 TV를 보았다고 하면서 집장촌을 없앤 것은 잘못이라고 했다. 우편배달 청년은 노무현 정권 때 TV에 출연했던 어느 여자까지 들먹이며 젊은이들이 갈 데가 없다고 하면서 내가 이러한 글을 써 보려고 한다고 했더니 대박날 거라고 했다.

여론이 형성되어 가고 있음을 느꼈다. 책이 나오기도 전에 책 한 권 보자고 하는 사람이 많아졌다.

성범죄의 예방책으로 어린이들에게 호신술을 가르치는 것은 사람을 불신하는 마음을 갖게 하거나 신고를 빨리하면 된다고 하는데 어느 누가 잡힐 짓을 하겠는가? 국가의 정책 잘못으로 어린이들도 어쩔 수 없이 피해를 입는다.

공소시효를 폐지하고 제 아무리 징역 상한을 50년으로 올린다고 해도 성의 분출은 어느 누구도 막을 수 없다고 본다. 인정할 것은 인정하고 현실적인 개선책을 내놓아야 하는데 형량 높이는 말만 할 뿐 근본 원인을 찾지 못하고 있다.

남을 배려하는 마음은 없고 자신의 식구들만 당하지 않으면 그만인 것이다. 집장촌을 없앤 결과는 성매매의 값어치만 올려놓은 셈이다. 성의 연결고리를 하는 업소가 늘어나고 직접 가려면 많은 돈이 들어 열등의식에 빠지게 된다.

2008년 8월 신문의 추적 기사에서 브로커들이 아가씨 40~

50명을 거느리고 호황을 누리고 있다고 했다. 오피스텔 성매매가 급속히 확산되는 것은 손님들이 자기 집이나 사무실에 가는 것처럼 자연스럽게 드나들 수 있다. 브로커와 성매매 여성이 인터넷 사이트를 이용하거나 점조직으로 연결되어 있어서 경찰 단속도 어렵다. 오피스텔은 개인 주거 공간이거나 사무 공간이기 때문에 상대방이 문을 열어 주지 않으면 단속에 한계가 있다. 2009년 11월에는 빌딩 지하에 CCTV를 장치해서 손님들을 엄격히 구별하여 사진을 보고 취향에 따라 빌딩 객실로 안내하는 수법을 쓰다가 적발되었다. 12월 초에는 가출 소녀(16, 17세)를 오피스텔에 감금시키고 인터넷 온라인에서 사이버 포주에 의해 호객 행위가 이루어졌다. 돈을 받고 애인 역할 대행을 해주는 사이트가 수천 개 있지만 단속은 엄두도 못낸다. 경찰에서 수시로 모니터링을 하여 수요와 공급의 차단정책을 펴려고 하지만 채팅 변장 수사도 여의치 않다.

고급 매춘부는 고급 주택을 소유하고 손님을 골라 가면서 여유 있게 표 안나게 수입을 얻을 수 있다. 이런 경우는 매춘부라는 것이 애매해 구분하기가 어려운 지경에 이른다.

그런 이유에서 외국인들 중에는 매춘의 기준을 집창촌에서 성매매를 하다가 매춘 단속에 걸리는 여성을 매춘부라고 규정한다. 유럽 쪽에서는 여성이 결혼하여 한 남자를 택하여 성의 대가를 받는 것과 매춘부가 여러 사람을 상대하여 얻는 것을 아시아인과 다르게 생각하기도 한다.

2008년 6월에는 같은 또래의 여고 중퇴생을 협박하여 성매매를 강요하고 150여 명과의 매매 대금 2천만 원을 착취하여 유흥비로 탕진했다. 같은 해 7월 같은 또래의 여학생은 중간 소개 없이 직접 인터넷 채팅으로 많은 남자와 성접촉을 가졌으나 수입은 없었다. 처음에는 굶주린 사냥개처럼 쩔쩔 매던 야수들이 관계가 끝난 후에는 차비 정도로만 사례를 했던 것이다.

개인과 개인의 성접촉은 정상적인 거래가 잘 이루어지지 않고 사고도 발생할 수 있다는 것을 알 수 있다. 돈 많은 사람들은 한국에서 규제가 강화되자 국가의 세금을 안 내면서까지 외국에 나가서 별짓을 다하고 돌아온다. 업자들도 한국에서 영업이 불편하게 되자 아예 외국에 나가서 호화 별장이나 술집, 수영장을 차려놓고 원정 성매매를 알선한다. 중국을 위시한 동남아 쪽에 원정 성매매를 알선하는 인터넷 카페가 항상 존재하여서 주로 한국인 관광객을 노린다. 정부(여성부)는 인천공항의 전광판을 통해 성매매는 나라 밖에서도 불법이라고 경고 메시지를 보냈다.

2008년 9월 성매매 특별법에 의해 장교와 사병 등 군인들이 매년 한 차례씩 성매매 방지교육을 받게 되었다. 군인 모두를 잠재적 성매수자로 몰아가고 있는 현상이라고 반대하는 지적도 있다. 제대했을 경우가 더 문제가 될 수 있다. 직장을 구하기까지 공백 기간을 어떻게 처신하며 결혼하기까지 어떻게 성을 해소시키는가가 문제가 된다.

2004년 9월 성매매 특별법을 만들어 매춘 집창촌을 제거한다고 했을 때는 여성들을 납치해서 팔아먹는 인신매매가 극성을 부리고 있을 때였다. 경찰이나 검찰이 평소에 범인들을 엄벌하지 않다가 2009년도가 저무는 시점에서 볼 때 풍선효과는 물론 일감만 더 늘어나고 말았다.

몇 년을 지나고 보니까 집창촌을 없앤 것은 오히려 여러 가지 부작용 현상이 나타난다는 것을 알게 된 것이다. 사실상 집창촌 간판은 안 걸었지만 비슷한 형태의 각종 유흥업소가 많다는 것은 누구나 아는 사실이다. 그 업주들은 관리를 확실하게 하기 때문에 사고가 나지 않을 따름이다.

성매매법을 완화시켜서 정당하게 영업을 할 수 있도록 하고 집창촌은 구청별로 국가가 관리해야 한다. 이번 살인사건은 수시로 일어날 수 있는 사건이다. 거래는 반드시 중매인이 필요하듯이 성문제도 개인 플레이를 하면서 마음대로 몸값을 저울질하면 상대에게 스트레스를 심하게 주어 사고로 이어질 수 있다. 정부에서 2010년부터 인터넷 원조 교제를 처벌하겠다고 했다. 또 어떤 변화(풍선효과)가 생길지 지켜볼 일이다.

등산과 세계 여행을 즐기는 여자

등산

 산에 가면 기분이 상쾌하다. 맑은 공기, 깨끗한 물, 새들이 재잘거림으로 안부를 묻고 나무들이 사열을 하여 손님을 맞이한다. 자신의 마음을 다 받아 주는 포근함을 느끼며 아늑하고 포근한 보금자리를 찾는다.
 옛 그대로의 자연의 모습에 쉽게 질리고 또 새로운 곳을 찾아 헤맨다. 산의 정상에서 손짓을 한다. 오직 정상을 향해 움직이다 보면 아름다움을 느낄 수 있는 여유가 없다. 새로운 곳이 아름다울 뿐이다.
 산에 갔다 와서 하소연하는 사람이 의외로 많다. 대열에 합류하여 무작정 걸었든지, 소중한 인생의 길에서 사색을 했는지 가지각색이다. 발이 군데군데 아프다고 하고 발목이 삐고 무릎에 골절상을 입기도 한다.

일반적인 상식으로 건강을 위해서는 등산을 해야 한다고 알려져 있다. 수십 년 동안 의사들이 방송이나 신문에서 해왔던 말이다. 의사들이 말하는 본래의 의도는 산림욕에 근거를 두고 하는 말이다. 유해 산소를 뿜어내고 맑은 공기를 마시며 항산화 효과를 내는 것이다.

여성들 중에는 남성보다 집념이 강한 사람이 많다. 작은 일이건 큰 일이건 꾸준히 실행하려는 의지이다. 행동으로 보여주어야 앞으로의 인생이 보장된 듯 산을 다녀온다.

산이 몸살을 앓는다. 여성들이 산에 많이 갈수록 남성들의 숫자는 몇 배로 늘어난다. 월드컵 응원 때도 여성들이 응원을 많이 해서 열기로 가득 찼다.

산에서 남녀가 어울리면 후유증이 생긴다. 고기를 구워 먹고 술을 마시다가 산불을 내기도 한다. 여름에는 낭떠러지에서 미끄러져 죽기도 하고 벼락을 맞기도 한다. 약초를 캔다고 길이 아닌 곳을 헤매고 다니며 산림을 훼손시킨다.

단풍철에는 차의 이동 행렬이 늘어난다. 암벽을 타다가 실수를 저지르고, 산속 깊이 들어갔다가 온도 차이가 나서 119구조의 신세를 지기도 한다.

몸의 일부가 다른 물체와 부딪치는 경우는 세 가지가 있다. 서 있을 때의 발바닥, 앉아 있을 때의 엉덩이, 드러누워 있을 때의 허리이다. 서 있을 때 에너지 소비가 많다. 몸의 체중을 버티면서 균형을 잘 이루어야 한다.

평면의 길을 걸을 때는 발바닥이 반사적으로 움직여 신체가 율동적으로 움직인다. 무릎이 신체의 움직임을 조절한다. 산은 길이 평탄하지 않고 오르락내리락 각도가 심한 곳이 많아 뇌와 무릎의 조율이 안되면 넘어진다.

평소의 습관대로 움직이다가 자신도 모르게 병원 신세를 져야 한다. 사고 지점과 병원과는 거리가 멀기 때문에 안전사고를 당하지 않는 것이 상책이다. 오르막길은 체중이 앞으로 쏠리는 것을 무릎이 조절하여서 단축성 수축운동이 된다. 힘은 덜 들어가지만 빨리 움직이면 지치기 쉽다. 천천히 걷고 호흡조절을 하여야 사고 날 위험성이 적다.

여성들의 경우 자기 또래의 남녀가 잘 올라가는 것을 보고 뒤질세라 무작정 따라 올라가다가 넘어져서 뼈에 이상이 생길 수 있다. 천천히 길게 호흡하는 복식호흡으로 조절하여 올라가면 안전할 수 있다.

사고는 내리막길에서 많이 난다. 걷기가 쉽다고 무의식 상태에서 걷다가 속도 조절을 못하고 굴러 떨어진다. 평상시 운동을 하지 않는 사람은 티가 난다. 중심을 못 잡고 다리가 휘청거린다. 산에 오를 때보다 힘이 더 든다는 것을 감지하지 못하고 자세를 낮추지 않는다. TV 뉴스를 보면 거의가 내려올 때 떨어져 죽거나 다치는 사고가 보도된다.

내리막길에선 지팡이를 사용하여 무릎의 보조 역할을 할 수 있다. 산에서는 무릎이 허리 역할을 많이 하지만 2시간 이상 혹사를 당하면 무리가 온다. 충분한 휴식 후 다시 움직여야 부작용이 없다.

　여성은 허리선을 유지하는데 신경을 써야 한다. 근육 단백질이 지방으로 변화되지 않도록 복부 근육을 강화시켜야 한다.

　대부분의 직장 여성들은 하루 종일 서성거리며 잠시 의자에 앉지도 않는다. 등산도 하루 종일 움직이는 운동이다. 건강하고 오래 살려고 산에 다니다 오히려 망가질 수도 있다.

　산을 오르는 사람들은 나름대로 주관이 있고 목적이 있다. 따분한 시간을 보내기 위한 사람도 있지만 여러 사람을 만나기 위해 산을 찾는다.

　산은 건강한 사람이 다니는 곳으로 인식할 필요가 있다. 산을 통해 성인병을 치료하기 위해서는 보다 신중해야 한다. 세상에 공짜가 없다는 것이 산에서도 적용된다. 자신의 거주지와 거리가 먼 산을 간다는 것은 안 가느니 못할 수도 있다. 가는 길 오는 길에 나쁜 공기를 더 많이 마시고 교통사고의 위험뿐 아니라 사람들과의 마찰에서 생기는 스트레스에 이어 증후군까지 생긴다. 신체로 보아서는 밑지는 장사이다. 마을 가까운 곳을 산책하느니 못한 결과를 얻는다. 몸이 아픈 사람은 산과 가까운 곳으로 거주지를 옮겨서 편한 마음으로 산 주위를 산책하는 것이 좋다.

나는 오래전 강원도 홍천의 산간 마을에서 2박 3일을 보낸 적이 있다. 서울의 거주자가 해발 600m에 택지를 조성하여 별장을 지어 놓았다. 영화에서나 본 듯한 멋진 곳이었다.

부인은 혼자 계속 살고 있었으며 남편을 일주일에 한 번씩 맞이한다. 산에 자동차 길이 있는 것으로 보아 산 너머에도 누가 있는 것 같았다. 공기가 너무 좋아서인지 잠을 몇 시간 안 잤는데도 머리가 개운했다. 벽은 통풍 장치가 되어 있었으며 보일러도 나무와 기름을 땔 수 있는 이중구조로 되어 있었다.

산나물과 도토리묵, 시골 돼지고기 냄새는 입맛을 돋운다. 담배를 피우지 않고 술도 반주 한잔 정도를 하는 나에게 내년에도 와서 도토리묵 만드는데 도와달라고 했다. 남편 동료들이 놀러 와서 한바탕 소란을 피우고 갔던 모양이다.

뒷쪽 산중턱에 종교 시설이 있는데 여자가 교주라고 했다. 첫날 밤에 플래시를 들고 가서 안내를 받았다. 전깃줄이 너무 길어서 중간에서 가끔 끊긴다면서 촛불을 켜고 각 토담집에서 남자들이 나왔다. 서울 손님이 또 무슨 선물을 가지고 왔을까 궁금해하는 것 같았다. 우리는 빵과 작업복을 나누어 주었다. 여교주는 내가 산에서 한 가족이 될 사람이 아닌가 하고 관심을 가졌다. IMF 시절에 사업에 실패한 남자들을 끌어들여 단체 생활을 하고 있었다. 밤에 보아도 아름다운 계곡이 있는 경치 좋은 곳이었다.

그 여자가 도시 생활을 청산하고 강원도의 깊은 산속에 가서 터전을 잡은 세월도 10년이 지났다. 전국 방방곡곡의 경치 좋은 곳은 어느 곳이나 사람이 살고 있다. 별장은 높은 곳에 위치하고 있어 아랫쪽 마을의 띄엄띄엄 있는 집도 보였다. 배추 농사가 풍년이어서 아무에게나 나누어 주고 있었다.

나는 80이 훨씬 넘은 할머니에게 산삼을 캐 본 적이 있냐고 물어보았다. 고개를 절래절래 흔들었다. 옆에 있던 아들이 대신 나섰다. 200~300미터 정도 올라가서 나물을 캐고 도토리를 주어 오는 일은 있으나 높이 올라가지 않는다고 했다. 그러나 지상에서 800미터 이상인 곳이다.

라디오 특집 방송에서 전국의 100세 이상의 노인들에게 여러 가지로 인터뷰한 적이 있었다. 그분들도 마을 주위를 산책할 뿐 높은 산에는 올라가지 않는다고 했다. 노인에 접어드는 나이가 되면 숨이 차는 운동을 1시간 이상 하면 좋지 않다. 예를 들면 젊었을 때 지르박도 안 추어 본 사람이 남이 스포츠댄스를 하는 걸 보고 샘이 나서 격렬한 동작의 자이브 춤을 추는 것은 해롭다는 것이다.

어떤 중년 여성은 운동을 해야 건강하게 오래 살 수 있다는 TV 방송을 보고 결심을 했다. 날마다 아파트 계단을 꼭대기까지 왕복하며 반복 운동을 열심히 했다. 평상시에 체력이 단련되지 않은 상태에서 너무 열심히 하여 관절염이 생겨서 병원 신세를 지고 말았다.

관절은 분리된 인체 골격을 서로 연결해 준다. 관절을 보호해 주는 것이 인대다. 인대는 관절과 관절을 연결시켜 주는 역할을 한다. 나이가 들수록 인대가 서서히 쇠약해지고 탄력성이 떨어진다. 관절 끝부분에 있는 뼈가 비정상적으로 발달하여 관절의 활동이 부자연스러워지면 관절의 기능은 사라지고 통증이 증가하여 활동에 지장을 초래한다. 젊은 시절이나 중년은 호르몬이 작용하고 있어서 기분상으로는 자신감을 느낄 수 있지만 나이가 들수록 운동보다도 노화 방지에 힘쓰는 것이 도움이 된다.

인체는 특정 부위를 반복해서 자극하면 근육과 뼈 관련 조직에 미세한 상처가 생긴다. 느슨하게 대처하다가는 염증, 부종, 통증으로 악화되어 습관성 증후군이 발생한다. 위의 예에서 보듯 계단을 오르내렸던 여자가 잘 증명해 주고 있다.

결과적으로 볼 때 나이 든 여성이나 체중이 많이 나가는 여성은 등산보다도 산책이 좋다. 집에서 가까운 산책로를 정해 놓고 가족과 함께 또는 친구나 연인과 같이 쉬엄쉬엄 걷는 것이다. 언제부터인가 공원을 몇 바퀴씩 팔을 위로 저으며 속보로 걷는 여성들이 늘어나고 있다.

나도 한때 공원을 자주 갔는데 담배 피우는 남성을 발견한 후부터는 다시는 가지 않는다. 여성은 애완견을 데리고 오기도 한다. 이런 꼴 저런 꼴 안 보려면 자전거나 자동차로 멀리 가서 산책할 수 있는 곳을 한두 군데 알아 놓아야 한다.

여행

　매일 반복되는 삶의 피곤함에서 벗어나기 위해 여행을 즐기는 여성이 늘어나고 있다. 이는 현실을 탈피해서 얼마 동안이라도 마음의 평화를 얻고 싶은 것이다.
　세계 여행은 절차가 까다롭고 목적지를 다녀오는데는 위험도 도사리고 있다.
　여행사에서 각 지방단체에 적극 홍보하여 여행 상품을 만들어 내기도 한다. 한때는 농협 같은 금융업계에서도 매출을 올리기 위해 지원을 해주어서 동남아 여행 정도는 기본으로 다녀온 사람이 많다. 외국에 한번이라도 안 갔다 오면 대화가 통하지 않을 정도가 되었다.
　경제적으로 여유가 많은 사람들은 자녀가 대학시험에 떨어지자 외국 대학에 입학을 시키고 핑계 삼아 자주 왕래했다. 그 중에서도 호주 쪽이 인기를 끌었던 시절이 있었다. 수십 년 동안 미국만 선호하다가 세계 여러 나라에 포진하여 기틀을 만드는 역할도 했다.
　여성들이 여행을 하는 목적은 종교, 자녀 교육, 친척 방문, 기술 습득, 무역 등이 주류를 이룬다. 단체건 개인이건 간에 연고지가 없는 여행은 쓸쓸하다.
　여행사의 짜여진 스케줄에 재미를 못 느끼는 여행자는 개인적으로 여러 나라를 방문하고 책을 내기도 한다. 각 방송사에도 여행 프로그램이 있어서 부추긴다. 책방에도 여행 도서 코너가 따로 있어서 세계 각국의 여행담과 현지 사정을 알리는 도서가 있다. 경험자의 체험담을 듣고 여행을 하면 한결 마음이 편하겠지만 언제 어느 곳에서 사고를 당할지는 운명이다. 비교적 안전 지역인 동남아권에서도 지진이나 폭풍, 강도사건으로 피해를 당한 적이 있다.

 정부에서는 83개국을 4단계로 나누어 위험 수준을 평가하고 있다. 한국인들은 평소에도 정부와 따로 따로 논다. 정부에서 어떤 지시를 내려도 신경을 쓰지 않고 자기 위주로 행동하는 버릇이 몸에 배어 있다. 음주운전이나 담배, 불법 시위 등 기초 사항을 지키지 않는다. 외국에 나갈 때도 위험 지역을 경계해야 하는 데 한국에서 했던 습관대로 움직이다가 사고를 당하고 만다.

 2009년 3월 15일 예멘에서 한국인 4명이 자폭 테러로 인하여 사망했다. 숨진 4명을 포함한 한국인 여행객 18명은 관광 7일째인 이날 오후 일행 중 13명이 지프 차량 6대에 나눠 타고 질주했다. 사막의 진흙 벽돌 건물이 빽빽이 들어선 시내 전경을 보기 위해 전망대에 올라갔다가 변을 당했다. 사망자나 부상자가 남자보다 여성이 많았다. 그곳은 알카에다 빈라덴의 씨족들이 사는 곳으로 자존심이 매우 강하다. 가난한 나라에서 떼를 지어 다니며 위세 당당한 행세를 하면 주민들의 기분을 몹시 상하게 한다. 예멘은 관광객보다 테러 조직이 더 많은 나라로 소문이 나 있고 더군다나 여행 제한구역이다. 세계에서 가장 가난한 나라의 치부를 구경하고 다닐 필요성은 없었다.

  외국에 나가면 테러나 안전사고도 위험하지만 식사 문제를 해결하기가 어렵다. 한국에서도 하루 세끼를 안전하게 먹으려면 신경을 써야 한다. 채소라고 무조건 믿을 수가 없다. 그 채소가 어떤 물을 먹고 자랐는지 알 수 없다.

  2009년에 멕시코, 미국, 캐나다를 여행했던 사람들이 신종 바이러스에 걸린 것을 보아도 기껏 여행에 돈을 들여서 몸이 망가지는 꼴을 보게 된다. 생산적인 여행이 아닌 소비하는 여행은 좀 더 심사숙고할 필요가 있다.

복어 여자

초판발행 | 2010년 1월 30일
지은이 | 이태식
펴낸이 | 김명덕
펴낸곳 | 한강출판사
등록 | 1988년 1월 15일(제8-39호)
주소 | 서울 종로구 인사동 131번지 파고다빌딩 408호
홈페이지 | www.mhspace.co.kr
전화 735-4257, 734-4283 팩스 739-4285
값 **10,000원**

ISBN 978-89-5794-153-9 03810

※잘못된 책은 바꾸어 드립니다.
※지은이와의 협의에 의해 인지는 생략합니다.